おぼえる！

たのしい

都道府県

筑波大学教授
監修 井田仁康

高橋書店

リマン
海流

北海道

親潮
（千島海流）

本州

夏の季節風

はじめに
日本ってこんなに
おもしろい！

日本には、海や山や川によってつくられた、さまざまな地形があります。そしてあたたかさのちがう海の流れ、風、雨や雪などによる、さまざま気候があります。

こうした自然によって、その土地のくらしがどう変わってきたかを考えるのが、社会科の「地理」という学習内容です。

長いれきしの中で、日本人はそれぞれの土地で気候や地形に合わせてくらしてきました。おかげで日本では都道府県ごとに、とってもおもしろいちがいやとくちょうが生まれています。

これから見ていきましょう！

季節風

夏は太平洋側から、冬風は日本海側からふく風を「季節風」といいます。海でたくさんの水分をふくみ、山にぶつかって多くの雨や雪をふらせます。

2

日本ってどんな場所？

日本は、北海道、本州、四国、九州の4つの島を中心に、たくさんの島からできている島国です。これらの島は、火山のばくはつや地しん、地面をゆっくりと動くプレートなどによってつくられました。このため日本は、とても山が多いのがとくちょうです。

そして山から流れる川によって平たい土地がつくられ、そこに人が集まり、米などの農業が発展しました。海や川は、漁業や、船を使った人やものの行き来に役立ちました。また、さまざまな地いきとの行き来などにより、それぞれの土地で、その土地の自然にあったどくとくの文化が生まれ、くらしがいとなまれてきました。

高さと位置で気候がかわる！

大まかにいうと、北は寒く南はあたたかい気候です。しかし、気候を決めるのはそれだけではありません。たとえば山の上のような高い場所は、海ぞいの低い場所より寒くなります。また、海流や季節風によっても、気候は大きくかわります。

海流

海の流れを「海流」といい、日本のまわりには大きく4つの海流があります。北からの海流はつめたく、南からの海流はあたたかく、陸地の気候にえいきょうします。

冬の季節風

日本海

対馬海流

四国

九州

黒潮（日本海流）

太平洋

この本の地図は平地を黄緑色に、高い土地を茶色にしています。

気候とともに、その地いきのとくちょうに大きく
かかわっているのが地形です。その土地の産業やくらしと
地形の関係を知れば、地理がもっと楽しくなりますよ。

地形

山地

日本の陸地のほとんどを山
地がしめています。木がた
くさんあるので、林業が
とくに発展します。
山が多い土地を
「山がちな地形」
とよぶことも。

山脈

山地のなかでもとくに山頂
と山頂をむすぶ尾根の線が
細長くつながり、連続してい
るところを山脈といいます。

扇状地

山地から平地に流れ出る
川によって運ばれてきた、
土やすなができて
土地を扇状地といいます。
山のふもとのほか、盆地に
も多く見られる地形です。

盆地

山に囲まれた平地を盆地と
いいます。晴れの多さと大き
な気温差を生かして、フル
ーツづくりがさかんです。

台地

まわりの低い土地とくらべ
て、台のように一段高くも
り上がっている平らな土地
を、台地といいます。お茶
作りや畜産業が発展する
ことが多いです。

平野

大きな川を中心に広がる海
ぞいの平地を平野といいま
す。農業がしやすく住みや
すいので、まちができやすく、
工業や商業も発達します。

三角州

海にそそぐ大きな川の流れで運ばれてき
た土やすなが、海の手前でつもってでき
る、低くて平らな地形が三角州です。農
業や工業などの産業が発展しますが、
水害が起こりやすい地形でもあります。

4

もくじ

スタッフ

装丁　坂川朱音（朱猫堂）

装丁イラスト　コンノユキミ

本文デザイン　坂川朱音＋小木曽杏子（朱猫堂）

DTP　茂呂田剛＋畑山栄美子（エムアンドケイ）

地図イラスト　アライヨウコ

イラスト　フクイサチヨ／いだりえ／赤澤英子　メイヴ／なかさこかずひこ！／竹永絵里

校正　株式会社鴎来堂

執筆・編集協力　吉井康平

寒くて広くて
農業がさかん!

北海道・東北

日本の北部にあたるため、とくに北海道の冬は長くて寒く、
夏はほかの地方とくらべてすずしい気候です。
広い土地での農業や、牛やぶたなどを育てる畜産業がさかんです。

季節風のえいきょうで、東と西で大きくかわる!

東北は南北に長く、奥羽山脈の東と西で大きく気候がかわります。

日本海側

中央の盆地は
晴れが多め!

冬も晴れが多い!

季節風

季節風

西

東

冬は雪が多い!

太平洋側

まわりを山に
かこまれている平地を
「盆地」というよ。
フルーツ作りが
さかんなんだ

地形を生かした農業や漁業

大きな川によってできた平野や盆地で、米
や野菜、フルーツが作られるようになりま
した。港としてめぐまれた地形のため、漁
業もさかんです。

オホーツク海

北海道

石狩平野

ギザギザ！リアス海岸

ノコギリのようにギザギザに入り
組んだ海岸を、「リアス海岸」とい
います。岸の近くでも水深が深く、
大きな船が入れる港になります。
波がおだやかで、養殖漁業がお
こなわれます。

津軽海峡

津軽平野 青森

つめたい風！やませがふく

東北地方の太平洋側では、夏につめたくし
めった風の「やませ」がふくことがあります。
この風がふくと気温が下がり、米などの作物
がうまく育たない「冷害」になってしまいます。

日本海

秋田平野
奥羽山脈
秋田 岩手

太平洋

庄内平野
仙台平野
山形 宮城
山形盆地
三陸海岸

福島盆地
福島

太平洋からの
季節風が、
北から流れこむ
つめたい海流で
ひやされる！

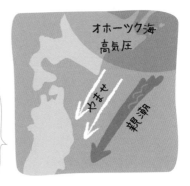

オホーツク海
高気圧

やませ

親潮

北海道・東北
まず知っておきたいポイント！

米はあたたかい土地の植物だけど、寒くても育つようにしたよ！

米や野菜などの農産物がたくさん！

北海道には作られる量が全国1位の作物がたくさんあり、東北は多くの米を作っています。長い研究によって寒くても育つ種類が作られました。これを品種改良といいます。

人より牛のぼうが多い場所も！

寒くてもできる酪農もさかん！

品種改良が進むまでは、寒くてもできる「畜産業」が多くおこなわれていました。今でも乳牛を育てる「酪農」や、肉牛の生産も北海道や、岩手県でさかんです。

東北地方がちょうど潮目に！

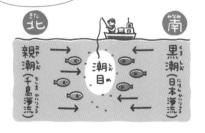

北 きた
南 みなみ
親潮（千島海流）
黒潮（日本海流）
潮目

海流がぶつかって魚がいっぱいとれる！

北からのつめたい海流と、南からのあたたかい海流がぶつかる場所を、「潮目」といいます。プランクトンが集まるので、それを食べにくる魚がとれ、漁業が発展しました。

どうなる！？ 北海道・東北

人が少なくなって くらしがたいへん！

北海道や東北地方では、わかい人たちを中心に、よりべんりな都会にうつり住む人が多くなりました。そのため、住む人が少なくなり、さまざまな問題を引き起こしています。これを「過疎問題」といいます。

遊ぶところがない！
行きたい学校や
仕事がない！

寒いし、いなかはいやだ！ 農業はしたくない！

ふべんないなかをはなれる人がふえ、人の数はへっていきました。きつい農業や漁業の仕事はしたくない人がふえたのも、理由のひとつです。とくにわかい人たちがへって、お年よりばかりの町や村がふえていきました。

雪下ろしはだれがやるの？ 助け合えなくなった！

もともと雪国では、みんなで雪かきをおこなうなど、助け合って生活してきました。わかい人がへり、全体の人の数がへるとそれもむずかしくなり、ますます住みづらくなって、過疎問題が進んでいきました。

山奥の家まで
雪かきをしに行くのに、
税金もたくさん使ってしまう

産業やしげんのおとろえも過疎問題につながる

石炭をとる
仕事がなくなった…

産業やしげんがなくなることで、人がはなれていくこともあります。たとえば北海道の夕張市は、石炭がとれた炭こうの町でした。しかし、炭こうがとじられてしまうとお金や仕事がなくなり、町がはたんしてしまいました。

北海道

農業、畜産業、漁業もさかんで
おいしい食材がいっぱい！

日本でもっとも北にあり、冬はとても長く、きびしい寒さです。反対に夏は短く、梅雨がないこともとくちょうです。

日本一の面積をほこり、日本全体の5分の1をしめます。広い土地を生かして大がかりな農業や畜産業がおこなわれ、日本の食材の多くが北海道で作られています。また、漁業もさかんで、有名な漁港がたくさんあります。

石狩平野

県庁所在地の札幌市があり、北海道でいちばん広い平野。全国でも有名な米どころです。

知床半島

きちょうな生き物がたくさんすんでいる世界自然遺産。2月から3月のはじめには流氷が見られます。

稚内市
オホーツク海
石狩川
知床半島
日本海
釧路川
根釧台地
小樽市
石狩平野
釧路湿原
札幌市
釧路市
十勝平野
日高山脈
十勝川
有珠山
函館市
太平洋
津軽海峡
青函トンネル

釧路湿原

面積180平方キロメートルの日本最大の湿原です。東京都がすっぽり入る広さ！

県庁所在地
札幌市
面積
7万8421平方キロメートル
人口
514万人
（2022年）

10

北海道のここがすごい！

すごい！

ジャガイモ1位！ ※1

日本で作られるジャガイモの約8割が北海道のものです。寒さに強い野菜なので、たくさん作られるようになりました。ジャガイモからポテトチップスなどを作る、食品工業も発達しています。

※1 2021年

すごい！

乳製品1位！ ※2

チーズやバターなど、牛乳から作られる食べものを乳製品といい、牛乳自体もふくめ生産量日本一です。れいぞうで運ぶトラックなど、くさらせないまま遠くに運べるようになったのも、さかんになった理由です。

※2 2021年

すごい！

とくちょうの あるアイヌ文化！

北海道にはもともとアイヌという人たちが住んでいました。このためアイヌ語をはじめとした多くのアイヌ文化が、今ものこっています。アイヌ語がもととなった地名も多くあります。

1000年以上前から住んでるよ！

札幌　釧路　富良野　小樽

北海道の
なぜ？どうして？

？ 農業が日本一！
： どうして？

小麦、タマネギ、カボチャ、トウモロコシなど、北海道には生産量1位の作物がたくさんあります。※1 土地が広く、農地をもとめて多くの人がやってきたこと、寒さに強くなるように品種改良が進んだことも、多く作れるようになった理由です。

さとうの材料になるてんさいも1位※2。馬の生産も多いよ

※1 2021年　※2 2022年

？ 寒い北海道。どんな
： 工夫をしているの？

まどやげんかんが二重になっていたり、外に雪がつもっても中からあけられるように、とびらが引き戸になっていたりします。多くの人が集まる札幌は、雪や寒さがしのげる地下にまちが広がっています。

灯油タンクが室内の暖房器具につながっているよ

？ 漁業もさかん！
： その理由は？

北のオホーツク海、南と東の太平洋、西の日本海と、360度海にかこまれているので、とれる魚の量もけたちがい。2位の茨城県の3倍近い、あっとうてきな全国1位です※3 北海道の漁業はニシン漁からはじまりました。

※3 2020年

稚内　タコ　ホッケ
紋別　カニ　ホタテ
アワビ　ウニ
小樽　釧路
函館　ホタテ
イカ　コンブ　アワ　イクラ　サンマ

北海道あるある

道東ではアメリカンドッグにさとうをかける。フレンチドッグとよばれるよ。

北海道のれきしとアイヌの人たち

どうして
こうなった
!?

アイヌの人たちは昔から北海道に住んでいました。
しかし本州から多くの人がひっこしてきたことで、
数がどんどんへってしまったれきしがあります。

北海道にはゆめがある！でも、アイヌの人たちはじゃま！

明治時代に入ると、日本政府はアイヌの人たちから土地をうばい、森をこわして畑や牧場にしたり、道路や鉄道をつくったりしました。これを「開たく」といいます。そしてアイヌの人たちに、アイヌの文化や言葉はいけないという決まりをおしつけました。

これまでごめんね。
大切にするね！

アイヌの言葉を使うな！
これからは農業をしろ！

もともと漁業で
くらしていたのに…

やっぱり昔からの文化は大切にしないと！

しかし時がたち、世界中でアイヌの人たちのような、数が少なく弱い立場の人たちを守ろうという運動が広がると、アイヌの人たちも立ち上がります。国もあやまちをみとめて反省し、アイヌの文化を大切にすべきという決まりもできました。

都道府県について知ろう！

なんで北海道だけ「道」なの？

47もある都道府県のうち、「道」は北海道だけです。もともと日本には東海道や山陽道など、広いはんいをあらわす「道」があり、そのなかに細かく「県」などができました。北海道も3つの県に分かれていましたが、わかりづらいと反対意見が多く、まとめて北海道となりました。

青森県

日本一のリンゴ作りと海を生かした漁業がさかん

本州のいちばん北にある県。三方を海にかこまれ、北部には2つの大きな半島があります。海の底に列車や新幹線が走るトンネルが通っていて、北海道とむすばれています。

リンゴの生産量は日本一で、青森市や弘前市を中心とした西部と、八戸市を中心とした東部で、大きく文化がかわるのもとくちょうです。

津軽平野

日本でいちばんリンゴが作られていて、米作りも多くおこなわれています。

陸奥湾

津軽半島と下北半島にかこまれたおだやかな湾で、ホタテの養殖漁業がさかん。

大間漁港

青函トンネル

津軽海峡

下北半島

津軽半島

陸奥湾

日本海

岩木川

津軽平野

太平洋

鰺ヶ沢漁港

青森市

高瀬川

八甲田山

八戸漁港

奥入瀬川

弘前市

白神山地

十和田湖

八戸市

十和田湖

火山のばくはつによってできた湖で、すきとおった水とゆたかな自然がとくちょうです。

県庁所在地
青森市

面積
9646平方キロメートル

人口
120万人
（2022年）

14

青森県のここがすごい！

すごい！

これからは農業の時代じゃ！

リンゴ1位！※

江戸時代が終わって仕事がなくなった武士たちのためにりんご作りは広がりました。夏でもすずしい気候で育ちやすく、冷害で米があまりとれない年でもちゃんと育つことから、日本一作られるように。

※2021年

こっちは「青森ねぶた」！

すごい！

ねぶた祭りと ねぶた祭り！

あーらっせら あーらっせら

こっちは ねぷた

や〜や〜ど〜 や〜や〜ど〜

光りかがやく大きなとうろうがまちをねり歩く、とても有名な夏祭りです。青森では「ねぶた」、弘前では「ねぷた」とよばれ、とうろうの形やかけ声もちがいます。

すごい！

いちばん高い 大間まぐろ！

津軽海峡の海で育つクロマグロは、「大間まぐろ」として人気です。とても高く売れることで知られ、これまでもっとも高く売れた1匹は、なんと3億3360万円！

ばーん

よっしゃ！これで大金持ち！

青森県の
なぜ？どうして？

? 青函トンネルは なぜ作られた？

トンネルができる前は、北海道にわたるおもな方法は船でした。しかし、船は天気が悪いと出せないほか、事故も多く、より安全にはやく行き来できるトンネルがほられました。

海底トンネルとして世界一長いんだ！

? 有名な市場が 多いのはなぜ？

すきな具材をのせていくよ！

青森魚菜センターで生まれた「のっけ丼」！

漁業がさかんな青森県で、とれた魚が集まる市場は、昔から活気がある仕事場でした。さらに、八戸市の八食センターや青森市の青森魚菜センターなど、しんせんな魚を食べたい人たち向けに観光地化されて、とても有名になりました。

? 八甲田山は どうして有名？

「八甲田山」はひとつの山でなくたくさんの火山の集まり！

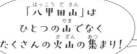

八甲田山は、とても雪深く、古くから命をかけて冬をこえるくんれんがおこなわれてきた場所としても有名です。また、美しいけしきや、酸ヶ湯温泉という昔ながらの温泉もあり、観光地としても知られています。

青森県あるある
冬になると小学校の校庭に小さなスキー場が作られて、スキーの授業があるよ。

津軽弁は
超短い！

その地方ごとに古くから話されている言葉を、「方言」といいます。
青森県西部の津軽地方で使われてきた「津軽弁」のとくちょうとは？

めちゃくちゃ短くて
一文字でも通じる!?

津軽弁はひとつひとつの言葉を、とても
短くすることで知られています。なかで
も有名なのが、「く」、「か」、「め」
などの一文字言葉です。「どさ」（どこ
に行くの?）、「ゆさ」（おんせんに行く
よ）など、一文字言葉どうしを組み合わ
せることも多く、もはやチンプンカンプ
ン！

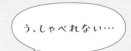

う、しゃべれない…

か！
（どうぞ！）

く？
（たべる?）

め？
（おいしい?）

ぜんぜん
わからない…

短くなった理由は
なんだろう？

津軽弁がどうして短くなったかのナゾの
答えを、多くの人が考えてきましたが、
今も正しいことはわかっていません。口
の中に雪が入って話しづらいから、支配
しようとする外から来た人に意味がわか
らないように、または北海道のアイヌの
言葉がまじって、などといわれています。

地名について知ろう！

8番目だから
「八戸」ね！

「戸」がつく
地名がたくさん
ある！

いは～い！！

青森県の南東部から岩手県の北部には、
「一戸」、「二戸」、「八戸」、「九戸」など、
「戸」がつく地名がたくさんあります。こ
れは昔、この地方で馬がたくさん育てら
れていて、その牧場を「戸」とよんだから
だといわれています。つまり、ひとつめの
牧場、ふたつめの牧場、ということです。

岩手県

三陸の海のめぐみにあふれてる！

三陸海岸での漁業や鉄鋼業
北上高地の酪農も！

日本で2番目、本州のなかではいちばん広い県です。県の真ん中にある北上高地をさかいに、東の海ぞいと西の内陸部とでは気候や産業が大きくちがいます。

三陸海岸はギザギザのリアス海岸がつづき、漁業が発展。釜石市では、大きな船が入れる港を生かして鉄鋼業もさかんです。また、すずしい気候の北上高地では酪農がさかんです。

岩手山

県でもっとも高く、ふもとには宮沢賢治の作品にも多く登場する小岩井農場があります。

三陸海岸

東北地方の太平洋側に長くつづくリアス海岸。海岸ぞいに三陸鉄道が走っています。

太平洋

二戸市

岩手山

奥羽山脈

北上高地

盛岡市

北上盆地

宮古市

釜石市

北上市

遠野市

北上川

一関市

三陸海岸

北上盆地

奥羽山脈と北上高地にはさまれた盆地で、南北に細長い。人口が集中しています。

県庁所在地
盛岡市
面積
1万5275平方キロメートル
人口
118万人
（2022年）

18

岩手県のここがすごい！

すごい！

長くギザギザな三陸海岸！

ずっとギザギザがつづいているよ！

青森県南部や宮城県北部もふくめ、三陸海岸は全長約600キロメートルも！ リアス海岸の入り江はおだやかで、漁業や工業がしやすくなっています。一方で、東日本大震災で津波が高くなった理由にもなりました。

すごい！

ふっこうのシンボル！三陸鉄道

三陸海岸にそって走る三陸鉄道は、東日本大震災で大きなひがいを受けました。しかし、少しずつ直して列車を走らせ、人びとを勇気づけました。震災から約3年後、ようやく元のようにすべてつながりました。

三陸鉄道はオレたちの希望！

すごい！

漁業！アワビは1位！※

ワカメは2位、サケは3位※！

三陸海岸は岸の近くでの養殖漁業や沿岸漁業、少し沖に出た沖合漁業、さらに遠くまで行く遠洋漁業と、漁業の種類もとれる魚の種類もほうふ。とくに高級食材として知られるアワビのとれる量は全国1位です。

※2021年

19

岩手県 の なぜ？どうして？

? 鉄作りが さかんな理由は？

南部鉄器が有名！

釜石市は鉄を作る鉄鋼業のまちとして知られています。昔から鉄器作りがさかんで、その技術が受けつがれてきました。リアス海岸の港が材料の鉄こう石や石炭などを運びやすかったのも理由です。

持ってきた鉄こう石で作るんだ

? 酪農もさかん！ どうして？

北上高地は酪農がさかん。夏でもすずしい高地で、エサとなる草がたくさんはえる広い土地もあったので、乳牛を育てるのにぴったりでした。また、雪が多くほかの農業がしづらかったこともあります。

すごしやすくてエサもたくさん！

? どうしてめんが 有名なの？

盛岡三大めん！

盛岡市には、盛岡わんこそば、盛岡冷めん、盛岡じゃじゃめんと、有名なめんが3つもあります。昔は寒くて米が作れなかったため、そばなどのこなもの文化が発達したからだと考えられています。

岩手県あるある
めんが好きすぎて、肉をたのまず冷めんだけのために焼肉屋に行くことも！

20

海からはなれるほど
人が多い！

大きなまちは海の近くに多いですが、岩手県では海からはなれた
内陸部にたくさんあります。その理由は北上川が関係しています。

北上川が山をけずって
平地をつくった！

農業がしやすく、人が住みやすい平地
は、海の近くに多いですが、岩手では
ぎゃくに少ないです。一方、長い年月
で北上川の流れが奥羽山脈や北上高地
をけずり、内陸部に広い平地ができま
した。これが北上盆地で、多くの人が
住むようになりました。

海と山をつなぐ北上川で
まちがさかえたんだ！

海産物も山菜も
船で運べるよ！

海より山に近いほうが
住みやすいじゃん！

北上川で人やものを
運んだから
そのまわりにまちができた！

船で人やものを運べることも、海の近く
にまちができる理由です。しかし岩手に
は大きな北上川があり、海がない内陸
部でも船を使えました。そればかりか海
のものと山のものが交わる交通の中心
地になり、まちは大きくさかえました。

風土について知ろう！

カッパがすむ!?
民話のまち
遠野

遠野市では、その地いきの人が口で伝
えた「遠野物語」という昔話が有名です。
冬場は外に出られないので、家のなかで
昔話を楽しむ文化ができました。なかで
もカッパの話がよく知られていて、カッパ
つりができたり、もしカッパをつかまえた
らお金がもらえたりします。

秋田県

広い平野での米作りにくわえ 林業や漁業もさかん

奥羽山脈の西側にあり、山地の多い県です。広い平野と、大きな湖をうめ立てた「八郎潟」では、「あきたこまち」で知られる米がたくさん作られています。県の面積の7割を森林がしめ、林業もさかん。手つかずのブナ林が広がる白神山地は、世界自然遺産にえらばれました。ゆたかな日本海で漁業も発展し、とくに神様の魚・ハタハタが有名です。

男鹿半島

もともとは日本海にうかぶ島でしたが、本州とつながって半島になりました。

白神山地
能代市 米代川
大館市
能代平野
男鹿半島
出羽山地
奥羽山脈
男鹿市
八郎潟
秋田平野
田沢湖
秋田市
日本海
由利本荘市
横手市

田沢湖

深さ423.4メートルは日本一。水がきれいでとうめい度も高い、美しい湖です。

秋田平野

県庁所在地の秋田市がある平野で、日本を代表する米どころのひとつです。

県庁所在地
秋田市

面積
1万1638平方 キロメートル

人口
93万人 （2022年）

秋田県のここがすごい！

なまはげが有名！

男鹿半島に古くからのこる文化である、「なまはげ」行事がとても有名です。なまはげは、お面をかぶった神の使い。毎年大みそかになると、子どもがいる家をめぐってあばれます。

世界自然遺産、白神山地！

青森県とのさかいにあたる白神山地は、手つかずのブナ林が広がり、世界自然遺産になっています。昔は秋にブナからとれるどんぐりをこなにして、長い冬を生きぬくための保存食にしていました。

秋田県と青森県にまたがっているよ

全国3位※の米どころ！

秋田県は新潟県と北海道に次ぐ、米の産地です。米は寒い気候でも育つように品種改良されましたが、そのはじまりが「あきたこまち」。さらに広い平野とほうふな雪どけ水もあり、米作りがさかんになりました。

米から作る「きりたんぽ」も有名だよ

※2022年

秋田県のなぜ？どうして？

？ 名物のハタハタ。どんな魚？

秋田県の魚といえば、ハタハタです。漢字では「鰰」と書き、神の魚として知られています。11月から12月にかけて、お正月の前にたくさんとれることから、神様のめぐみとされました。

ハタハタで作る「しょっつるなべ」も有名！

？ 秋田杉はどうして有名？

もともとあった自然林である白神山地のブナに対し、秋田杉は江戸時代に人の手によって植えられ、木を売ることで、お金をかせいでいました。曲げわっぱなど木から作る商品もよく売れ、とても有名になりました。

木の商売でさかえた町なみが今ものこっているよ

？ かまくらも有名！なぜ？

雪が多い横手市では、毎年2月のかまくら祭りで、100こ以上のかまくらが作られます。横手市がある内陸の雪は、海ぞいの雪とくらべて水分が少なめでかわいているため、かまくらが作りやすいのです。

約450年のれきしがあるよ！

秋田県あるある
道ぞいのパラソルで「ババヘラ・アイス」をおばあちゃんがヘラで盛って売るよ！

日本で2番目に大きな湖が農地に!?

秋田平野の北側にある八郎潟は今ではたくさんの
お米がとれる場所ですが、もともとは日本で2番目に大きな湖でした。

食べものが足りないから もっとお米を作らないと!

戦争が終わってくらしが落ち着くと、日本の人口はふえ、食べものがたりなくなりました。そこで国は田んぼをふやすための工事をはじめます。もっとも大きなものが八郎潟で、東西に約12キロメートル、南北に約27キロメートルもありました。

できた!

これ全部うめ立てて
田んぼにするぞー

えっ!?

ほんとにぃ!?

20年もかかって 湖が農地になった!

湖から水をぬき、陸地にする工事を「干拓」といいます。まず、水が流れこまないように、ていぼうでまわりをしめきります。そして水をぬき、土を入れるなどして陸地にします。こうして湖を農地にするのに長い時間と多くのお金がかかりました。

自然について知ろう!

風のめぐみで秋田は米どころに

この風は「フェーン現象」や
「宝風」ともいうよ!

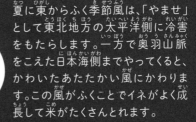

やませ
宝風

夏に東からふく季節風は、「やませ」として東北地方の太平洋側に冷害をもたらします。一方で奥羽山脈をこえた日本海側までやってくると、かわいたあたたかい風にかわります。この風がふくことでイネがよく成長して米がたくさんとれます。

宮城県

大都市の仙台を中心に
はば広い産業が発展

県庁所在地の仙台市は、戦国大名の伊達政宗によって発展したまち。人口100万人以上をほこる、東北地方の政治や経済の中心地です。

仙台平野での米作りをはじめ、産業もはば広く発達していて、気仙沼港や石巻港を中心とした漁業、仙台市の商業やサービス業のほか、食料品や鉄鋼などの工業もさかんです。

気仙沼市

蔵王山
宮城県と山形県にまたがる山。火山でできた湖や温泉があり、冬はスキーも人気です。

大崎市

北上川

仙台平野

石巻市

仙台平野
東北でいちばん広い平野で、ササニシキやひとめぼれなどの米作りがさかんです。

鳴瀬川

牡鹿半島

松島湾

金華山

蔵王山

仙台市

太平洋

白石市

阿武隈川

松島湾
海と島のながめが美しい日本三景のひとつ。カキの養殖漁業もおこなわれています。

県庁所在地
仙台市
面積
7282平方キロメートル
人口
228万人
（2022年）

宮城県のここがすごい！

すごい！

東北でいちばんの都市、仙台！

東北地方の中心の仙台市。仙台平野で米がたくさんとれたこと、海も山も近く多くのものが集まったことにくわえ、伊達政宗の力も発展した大きな理由です。

緑が多くて「杜の都」とよばれているよ！

メインストリート
青葉通り

すごい！

仙台をつくった伊達政宗！

1601年に伊達政宗が城をつくったことで、仙台は大きくなりました。米がたくさんできるように農地や水路をつくったり、城を中心にまちを広げたりと活やく。今でも仙台のヒーローです。

仙台城（青葉城）の政宗像

すごい！

食品工業も発展した気仙沼港！

気仙沼港は東北を代表する漁港で、カツオやメカジキ、サメの水あげ量が日本一※です。さらにサメから作られるフカヒレや、魚をすりつぶして作るかまぼこなど、魚を使った食品工業も発展しました。

かまぼこ

フカヒレ

※カツオ：2023年、メカジキ：2022年
　サメ：2021年

宮城県の
なぜ？どうして？

❓ 七夕まつりはなぜ夏にあるの？

仙台七夕まつりをはじめ、東北地方は夏の祭りが多いです。これは東北の人たちが関東などほかの地方にはたらきに出る「出かせぎ」が多かったから。そのため祭りの時期も、みんながもどってくる夏に合わせました。

よし！お祭りだ！

帰ってきたよ〜！

❓ どうしてこけしが有名なの？

大崎市の鳴子温泉では、首を回すと音がなるこけしが有名です。山が多く、材料となる木がたくさんあったこと、温泉におとずれて買ってくれる人がたくさんいて、技術が上がったことが理由です。

温泉街はこけしだらけ！

❓ 高い場所に道路がある！なぜ？

「復興道路」は東日本大震災からふっかつするためにつくられた高速道路です。震災の反省から、大きなつなみをせき止め、つなみがきても使えなくなることのないように、高いところを通っています。

宮城県から青森県までつながっているよ！

宮城県あるある

あながあいたくつ下のことを「おはようくつ下」というよ！

28

世界にほこれる
宮城県の魚!

金華山という島の沖にある漁場は、世界三大漁場のひとつとして
知られています。どうしてたくさんの魚が集まるのでしょうか?

南北の海流がぶつかる潮目に
たくさんの種類の魚が集まる!

北からくるつめたい親潮と、南からくるあたたかい黒潮がぶつかる「潮目」。太平洋側では、金華山の沖が潮目になることが多いです。南北からの海流にのって魚が集まり、エサとなるプランクトンもほうふになるので、よい漁場になります。

森の水が魚を
おいしくするんだ!

栄養いっぱいの水が
潮目に流れこむ!

さらに、リアス海岸で海のすぐそばまで山がせまるので、栄養が多いミネラルいっぱいの森の水が、たえず海に流れこんでいます。そのため、魚たちは栄養の多いエサを食べて育つので、大きくておいしい魚がたくさんとれるのです。

名物について知ろう!

牛タンは
仙台のもの?

外国生まれ、
外国育ちでーす!

仙台の名物といえば牛タン。たしかに仙台は肉牛も有名ですが、じつは牛タンのほとんどは海外から輸入されています。名物となる理由は、産地だからだけでなく、ひとつの有名な店が大きく広めたり、開発した人がたまたまいたりと、さまざまなのです。

山形県

内陸の盆地でのフルーツ作りと
庄内平野での米作り

「山」形県の名前のとおり、県の面積の多くが山地です。内陸には盆地があり、サクランボやラ・フランスをはじめとしたフルーツ作りがさかん。一方で海側の庄内平野では、多くの米が作られています。

沿岸部は雨が多く、一年中風が強い気候です。内陸部の夏はとても暑く、冬はとくに山間部は、日本でもっとも雪がたくさんふる地いきのひとつです。

最上川

日本三大急流のひとつで、古くから山形県をささえてきた「母なる川」です。

出羽山地

羽黒山、月山、湯殿山の出羽三山、もっとも高い鳥海山など、有名な山がたくさんあります。

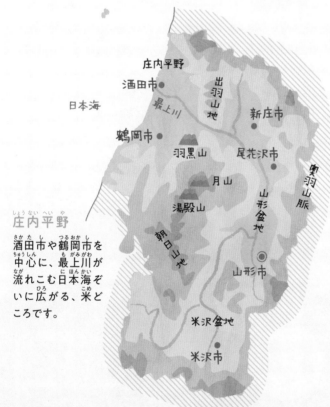

庄内平野

酒田市や鶴岡市を中心に、最上川が流れこむ日本海ぞいに広がる、米どころです。

県庁所在地
山形市
面積
9323平方キロメートル
人口
104万人
（2022年）

30

山形県のここがすごい！

すごい！

サクランボ1位！※

国内の約7割が山形県産。山にかこまれて雨が少ない内陸部は、雨に弱いサクランボ作りにぴったりです。さらに、その地いきならではの農業として国から守られているため、農家さんは安心して育てられます。

※2021年

ひとつぶ数百円の高級品も！

すごい！

お米はみんなで作るもの！

みんなで使えば安くすむね！

庄内平野は広く、最上川とほうふな雪どけ水もあり、気候も米作りに合っています。さらに、多くの米を作るために、みんなで力を合わせています。トラクターやコンバインなど高い機械はみんなで買って、みんなで使っているのです。

すごい！

みんなでわいわい、芋煮会！

山形の人たちの秋のお楽しみが、サトイモが入ったなべをみんなで食べる芋煮会です。牛肉やぶた肉など地いきでちがいがあります。芋煮会用のかまどがある公園も！

地いきによって材料や味がちがうよ！

山形県の
なぜ？どうして？

？ フルーツ作りが さかんな理由は？

山形はサクランボにくわえ、西洋なしのラ・フランスも生産量が日本一※。ほかにブドウやリンゴなども多く育てられています。山形盆地や米沢盆地など、フルーツが作りやすい盆地が多いことが理由です。

※2021年

昼と夜の気温の差が大きいのもフルーツがよくとれる理由だよ！

？ 山が大切に されているのはなぜ？

出羽三山などの山は、神様としてあがめられています。昔から神様にみとめられ、世の中をすくう修行のために、多くの人が山に入りました。今も山のなかには、お寺や神社が多く残っています。

山をあがめることを「山岳信仰」というよ

？ 温泉が有名。 どうして？

なんと、山形県のすべての市と町と村に温泉があります。なかでも有名なのが尾花沢市の銀山温泉。有名なアニメ映画のモデルになったともいわれています。

山のなかにある銀山温泉！

山形県あるある
山形県はラーメンも人気！ ラーメン店でそばが食べられたり、その逆もあるよ。

どうして
こうなった
!?

船のおかげで
リッチなまちに！

酒田市は「北前船」が立ちよる港として、とてもさかえたまちです。
船にたくさんの荷物をつんで、日本海を行き来していました。

北前船が立ちよって
たくさんのお金をもたらす

北前船は米や塩、お酒や薬や服など、多くのものを運びました。そして、立ちよる港で売り買いすることで、商人はお金をかせいでいました。この北前船によって、酒田は東北でいちばん商業がさかえたまちとして、とてもお金持ちになりました。

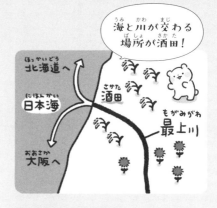

海と川が交わる
場所が酒田！

北海道へ

日本海

酒田

最上川

大阪へ

船が来た！
売るよ〜、
買うよ〜

日本海と最上川
海と川が交わるところ

酒田は最上川の海への出口でもありました。内陸で育てられ、そめものに使われる紅花や、庄内平野で作られる米などは、最上川によって海に運ばれ、さらに北前船で大阪や江戸に運ばれました。そうして酒田だけでなく今の山形県全体に、北前船は多くのお金をもたらしたのでした。

名物について知ろう！

そばも有名！
そばの道もある！

名物！
ゲソ天そば

山形県はそばが有名で、とくにそばの店が集まっている地いきは、「そば街道」とよばれます。山が多くてほかの作物が作れないため、そばがさかんに作られたのです。店ではそばといっしょに、イカの足の天ぷら「ゲソ天」が出されます。

福島県

面積が3番目に広い県。東部の海ぞいの「浜通り」、中央部の「中通り」、西部の「会津」と3つの地いきに分かれ、それぞれ気候や文化がまったくちがいます。

浜通りは1年を通じてあたたかめな気候で、会津は冬の寒さがきびしく雪が多く、中通りはその中間です。

中通りの福島盆地を中心にモモやナシ、リンゴ、ブドウなどが育てられています。

猪苗代湖

県のちょうど真ん中にある、自然ゆたかな湖です。日本で4番目に大きい！

福島盆地

モモをはじめサクランボやナシ、ブドウなど、多くのフルーツが作られています。

東羽山脈
福島盆地
福島市
喜多方市
会津盆地
磐梯山
阿武隈川
会津若松市
猪苗代湖
阿武隈高地
郡山市
郡山盆地
奥羽山脈
会津
中通り
いわき市
浜通り
太平洋

磐梯山

山の形が美しく、「会津富士」や「宝の山」といわれる、会津地方のシンボルです。

県庁所在地
福島市
面積
1万3784平方キロメートル
人口
179万人
（2022年）

すごい！ ハワイアンズで有名な浜通り！

1年中ずっと夏！
スパリゾートハワイアンズ！

浜通りにあるいわき市は石炭がとれる炭こうのまちでしたが、石炭が高く売れなくなるとさびれてしまいました。そこで、もともとあった温泉でまちをふっかつさせようと、今の「スパリゾートハワイアンズ」ができました。

すごい！ フルーツと大きなまちの中通り！

モモ、ナシ、ブドウ
いろいろとれるよ！

中通りの福島盆地は多くのフルーツが作られる中心地。また、福島市と郡山市は、県で1番目と2番目に人口が多い、大きなまちとなっています。

すごい！ れきしを感じる会津！

ネギをそのまま入れたそばが人気！

会津地方は日本のれきしでも大切な場所。今でもたくさんのれきしを感じるスポットがあります。有名な「大内宿」では、山の中の道ぞいにかやぶき屋根の家が立ちならんでいます。

福島県の なぜ？どうして？

？ 浜通りの魚は なんでおいしいの？

浜通りには、海ぞいに多くの漁港があります。福島の魚は「常磐もの」といわれ、カレイやメヒカリ、ヒラメやアナゴなど多くの種類がとれ、太平洋のゆたかな海で育つため、とてもおいしいです。

東日本大震災からふっかつ！

また魚が多くとれるようになったよ

？ モモがたくさん 作られたのはどうして？

福島盆地ではもともと、糸ができるカイコを育てる「養蚕業」がさかんでした。しかし養蚕業がおとろえると、それにかわる産業として、モモをはじめとしたフルーツ作りがさかんになりました。

モモ作りのぼうがお金になるじゃん！

？ 会津の自然が 人気の理由は？

猪苗代湖や磐梯山をはじめ、会津は自然がとてもゆたかです。とくに磐梯山のふん火でできた「五色沼」は、あざやかな青や緑の水面が美しく、日本人だけでなく外国人からも大人気です。

季節や天気、時間によってちがう色に見えるよ！

オー・マイ・ガー！

福島県あるある
山をこえると地いきがかわって方言もかわるので、いろいろな言葉で話をするよ！

36

盆地のフルーツが
おいしいワケ

福島盆地をはじめ、盆地はフルーツ作りがさかんな場所が多いです。
盆地で作られるフルーツがおいしいのはなぜでしょうか?

雨が少なく、
水はけもよいから
あまくなる!

盆地は山にかこまれているので、まわりの雲は山にぶつかって雨をふらせてからやってきます。おかげで雨がとても少ないです。さらに、山から盆地に流れる川がすなを運んでくるため、雨はたまることなく、すぐにかわきます。このように水分が少ないとフルーツはあまくなります。

> あまい養分を
> 昼つくって夜ためるよ

> まわりの山の
> おかげなんだ!

昼は暑くて夜は寒いから
あまくなる!

盆地は昼が暑くて夜は寒く、1日の気温の差が大きいです。フルーツは暑い昼にたくさんの栄養をたくわえて、その栄養があまさのもとになります。寒い夜はなるべく栄養を使わないようにためておくので、あまいフルーツが育ちます。

環境について知ろう!

ふるさとに
帰れない場所もある

> 安全になるまで
> 何十年もかかるんだ

東日本大震災のつなみによって、福島県の原子力発電所がばくはつし、たくさんの「放射線」がまわりにばらまかれました。生きものは放射線をあびると、体がわるくなり、ときには死んでしまいます。そのため発電所の近くに住んでいた人たちは、家に帰れなくなりました。

あたたかくて人が多い！

関東

関東地方のほとんどは、日本一広い関東平野がしめています。
川が多く、南から流れこむ黒潮のえいきょうで
全体的にあたたかく、住みやすい気候。
首都の東京をはじめ、多くの人が住む大都市がたくさんあります。

土地の高さで農業がちがう！

関東平野には「台地」と「低地」があり、さかんな農業がちがいます。

台地 少し高い場所を「台地」といいます。野菜などを作る畑作が中心です。

人が住みやすい土地は、植物も育ちやすい！

でも川が多いから、低地は洪水も多かったんだ

低地 低い場所を「低地」といいます。米を作る稲作が中心です。

38

山からふきおろす「からっ風」

北部の山ぞいを中心に、冬に山からつめたくかわいた風がふきます。「からっ風」や、「○○おろし」ともよばれます。

日本海側に雪をふらせた北西の季節風が、山をこえてふきおりるよ。とくに群馬県の「赤城おろし」が有名!

大きな利根川に流れこむ川がはんらんしやすいよ

冬でもあたたかい房総半島や三浦半島は、野菜や花作りがとくにさかんだよ!

栃木

群馬

関東平野

茨城

太平洋

埼玉

利根川

東京

千葉

神奈川

東京湾

九十九里浜

三浦半島

房総半島

海ぞいに大都市がつづいているよ

うめ立てだらけの東京湾!

東京湾は工場や人が住む場所などにするために、うめ立てが広くおこなわれています。そのため、自然のままの海岸線はほとんどありません。

海側では漁業や工業もさかん

東京湾や太平洋での漁業がさかんです。また、船で原料やできたものを運べるので、海の近くは工業もさかん。多くの工場が集まる工業地帯が広がっています。

関東
まず知っておきたいポイント！

海ぞいを中心に、鉄鋼や自動車、機械など、大きな工場で大きなものをたくさんつくる重工業がさかんです。近年は高速道路の発達から、内陸部にもたくさん工場ができてきています。

土地が広くて交通がべんりな場所に工業がさかえるよ！

海ぞい　　内陸

いたんだりくさったりしやすい野菜や花を早くとどけられるように、大都市の近くで育てる農業を近郊農業といいます。大都市が多い関東地方はとくにさかんです。

近いからすぐにとどけられる！

同じ理由でたまごなども多く作られているよ

太平洋は黒潮の流れにのって、多くの魚が集まります。また、東京湾は多くの川が流れこむので、栄養がたっぷり。プランクトンが多くなるので、たくさんの魚がとれます。

東京湾でとれた魚で作る、江戸前ずしが有名だよ！

どうなる!? 関東

都市グループが東京をかこむ!

関東地方の県庁所在地は、まず横浜市、さいたま市、千葉市の
グループ、つづいて前橋市、宇都宮市、水戸市のグループと、
それぞれ首都の東京から同じぐらいのきょりにあることがわかります。

なんで同じぐらいのきょりに都市ができるの?

関東地方では、東京が中心になり、産業やビジネス、人などが集まっています。そのため、東京を中心にそれぞれの都市に行き来しやすいように、東京から同じくらいはなれた場所に都市のグループができています。

「関東」はもっと広がる!?

東京などの大都市は、人が住む場所がたりないので、住むためのお金もとても高くなります。すると、人はそのまわりのまちに住み、都市へはたらきに出るようになります。こうしたまちを「ベッドタウン」といいます。交通がべんりになり、より遠くの場所にも東京のベッドタウンがふえています。

新幹線で、
もっと遠くから東京へ!

集まりすぎていることで問題もある

パソコンが
あれば
いなかでも
はたらけるよ

東京はものがたくさんで便利ですが、集まりすぎている問題もあります。電車も道路も人が多すぎてこみますし、もし大きなさいがいがおきたら、日本全体の動きが止まってしまいます。そのため、ほかの地方にうつろうという動きもあります。

東京都

人口1000万人をこえる日本の首都

たくさんの人が集まる
政治・経済・文化の中心！

東京は昔、江戸とよばれ、江戸幕府がおかれてから日本の中心となりました。

今は日本の首都として世界に知られています。天皇が住む皇居があり、日本の法律やお金の使い方を決める国会議事堂があります。

交通も集中していて、新幹線をふくむ鉄道や、高速道路など、東京から日本の各都市へのびています。

東京23区

都庁がある新宿区、皇居や国会議事堂がある千代田区など、日本の中心として特別にさだめられた23の区のことです。

関東山地

青梅市

関東平野

武蔵野台地

東京 ◎

八王子市

調布市

高尾山

多摩市
多摩丘陵

多摩川

荒川

大島

三宅島

西之島

八丈島

小笠原諸島

父島

母島

鳥島

硫黄島

高尾山

西部の関東山地にある山で、登山者数は世界一ともいわれています。

多摩丘陵

高尾山の東にある少し高いおかで、ベッドタウンとして開発されています。

県庁所在地
東京

面積
2194平方
キロメートル

人口
1404万人
（2022年）

42

東京都のここがすごい！

すごい！

日本の首都！

その国の政府がおかれている都市を「首都」といいます。東京都の中心部には国会議事堂があり、政治の中心となっています。また経済や文化、交通の中心でもあります。

すごい！

とにかく人が多い！

夜とくらべて200万人以上も人がふえるよ

東京23区は住んでいる人が多いだけでなく、昼間の人口が多いのもとくちょうです。昼間はベッドタウンから毎日仕事や学校に通ってくる人が多いからです。

すごい！

うめ立てた土地で大きくなった！

江戸時代から東京湾のうめ立てが始まり、どんどん海を陸地に変えて、土地を広げていきました。今では東京23区の約10分の1が、もともと海だった場所です。

Before

After

うめ立てた土地は工場やマンション、公園などに！

東京都の なぜ？どうして？

❓ 出版・印刷が 日本一！どうして？

本やざっしを作る出版・印刷業が多いのも、東京のとくちょうです。江戸で印刷がはじまり、今でも新しい情報や多くの流行が全国へ広がっていきます。

テレビ局も東京が中心だね！

❓ 東京23区だけ「市」がないのはなぜ？

日本全国にある政令指定都市の住所は「市」のあとに「区」がつづきますが、東京23区だけ「市」がなくすぐに「区」です。これは「特別区」として、日本の中心の東京だけ特別にあつかわれたからです。

昔は「東京市」があったけど戦後に「東京23区」になったよ！

特別区

東京市

TOKYO

❓ じつは緑や自然がいっぱい？

東京中心部は大都会のイメージですが、東京都全体を見ると緑や自然がたくさんあります。中心部も多くの公園がつくられ、ビルや道路にも緑を多く植えています。また、西部の山や南部の島にはゆたかな自然がのこります。

公園いっぱい！

山や島も

東京都あるある

東京に住む人は都会人といわれるけど、じつは半分近くが地方から出てきた人！

なにもかも
東京集中のワケ

東京はもともと人が多く住んでいたわけではありません。
400年以上前に徳川家康という武士が政治をする幕府をひらいてから、
さかえるようになりました。

ワシが天下をとったからには
新しくすごいまちをつくるぞ!

家康は江戸城を中心とした江戸のまち
をつくり、そこを日本の中心にしようと
しました。山をくずして海や沼をうめ立
て、全国から人を集めて大きなまちへと
広げていきました。さらに、各地へとの
びる道路を整えて、江戸を中心とした
交通をつくりあげました。

たくさんの文化や
産業も生まれたよ

江戸が日本の
中心じゃ!

家康

大きくなりすぎて
集中しすぎによる問題も

その後、江戸は東京に名前をかえ、今
にいたるまで、ずっと日本の中心です。
しかし、住む場所がたりなくなったり、
ゴミがたくさん発生したり、道路や電車
も人や車の多さにたえきれなくなったり
と問題が出ています。そのため、東京
の役割を地方にも分けて、ちらばらせよ
うという動きも出ています。

国土について知ろう!

こんなところも
東京都?

沖ノ鳥島

日本でもっとも南の沖ノ鳥島と、もっとも
東の南鳥島も東京都です。小さい島な
ので、波にけずられないように、大切に守
られています。「日本の海は、これらの島
のまわりまで」と決められていて、この中
でなら漁業などが自由にできます。だから、
小さくてもとっても大事なのです。

茨城県

近郊農業を中心に海の近くで工業もさかん

南部は東京から近く、多くの人が住むベッドタウンがいくつかあります。大都市からの近さは産業にも生かされていて、野菜などの近郊農業がさかんです。

工業では鹿島港を中心に、重工業や石油化学工業が発達しています。さらに、最先端の科学を研究するための都市が、つくば市です。宇宙開発など、多くの研究がおこなわれています。

筑波山

標高877メートル。「西の富士、東の筑波」とたたえられる茨城のシンボルです。

笠間盆地

まわりを丘陵にかこまれた盆地で、自由な作風の笠間焼で知られています。

霞ケ浦

琵琶湖についで日本で2番目に大きな湖。昔からウナギがとれることで有名です。

久慈川

水戸市 ◎

笠間盆地

那珂川

筑波山

太平洋

古河市

鉾田市

土浦市

つくば市

霞ケ浦

鹿嶋市

鹿島灘

鹿島臨海工業地帯

利根川

県庁所在地

水戸市

面積

6098平方キロメートル

人口

284万人（2022年）

46

茨城県のここがすごい！

すごい！

納豆

水戸納豆で知られる茨城県。那珂川のまわりで大豆がさかんに作られていて、明治時代に水戸駅で駅弁やおみやげとして売り出されたことで、有名になりました。

鶏卵も1位！[1]
関東では米も1位[2]

※1 2021年
※2 2022年

すごい！

近郊農業！

大都市向けにたくさん作られていて、日本一の野菜もいっぱい。フルーツではメロンも日本一[1]で、水はけがよく昼夜の気温差の大きい鉾田市で多く作られています。

すごい！

筑波研究学園都市！

つくば市は、日本の最先端科学の研究所や大学などを集めて、計画的につくられたまちです。東京に人が集中しすぎないように、広い土地をさがして、えらばれました。

合わせて鉄道もつくられて、「つくばエクスプレス」で東京へ45分で行けるようになったよ

茨城県の
なぜ？どうして？

? 工業が発達したのは なぜ？

東京湾に工場がつくれる土地がたりなくなって、新たな工業地帯をつくることになりました。そして、海の近くの広い土地や東京からの近さで鹿島がえらばれ、大開発がおこなわれました。砂浜をほりこんで、大きな船が入れる港にしています。

もとは砂地
だったんだ

? 宇宙研究が さかんなのはどうして？

ちょうど筑波研究学園都市がつくられていた時期に、日本の宇宙開発も活発になりました。開発の中心となるため、筑波宇宙センターができました。宇宙航空研究開発機構、略してJAXAもあります。

大きなアンテナで
宇宙と連絡して
いるよ！

? 筑波山が有名な 理由は？

筑波山はそこまで高い山ではありません。ただ関東平野には山が少なく、とても目立つ山でした。そのため、山そのものが神様として、古くからあがめられてきました。今でも山は大切にされ、観光地としても有名です。

近郊農業が
さかんな理由

茨城県で農業がさかんな理由は、なんといっても、大都市からの近さ。
しかし、ただ東京に近かったから、だけではありません。

近いだけではなく交通が
とても発達しているから！

農業では、しんせんな野菜やフルーツを大都市までいかに早く運べるかが大事です。きょり自体よりも、運ぶ時間が短いことが有利になります。このため茨城の農業は、トラックと高速道路の進化で大きく成長しました。常磐自動車道を使えば、東京の市場まで２時間ほどで着きます。

大きな川が
広くてよい土地を
つくるんだ

運ぶ時間が
短いほうが、
安く
とどけられる！

まかしとけ！

大きな川が
栄養と水をもたらした！

野菜作りでは、大きな川があることも大切です。川は、山から栄養たっぷりの土を平野に運んでくれます。ほうふな水も作物を育てるために役立ちます。茨城ではとくに北部の久慈川や那珂川の流れが、畑作にぴったりな大地をつくりました。

栃木県

イチゴが1位、酪農2位!

関東地方でいちばん広く
三方を山にかこまれている

関東地方でもっとも面積が広い県です。三方を山にかこまれ、南には関東平野が広がります。内陸部にある海のない県で、夏はむし暑く、冬は寒い気候です。

南部の平野を中心に農業がさかんで、イチゴ※1、かんぴょう※2は日本一。北部の那須高原では酪農もさかんで、乳牛の頭数は日本2位※3です。高速道路ぞいの工業団地を中心に、工業もさかんです。

※1 2021年　※2 2020年　※3 2022年

中禅寺湖

男体山のばくはつで川がせきとめられてできた、日本一高いところにある湖です。

那須高原

県北部の那須岳から関東平野にかけて、ゆるやかに下りながら広がっています。

足尾山地

栃木県と群馬県にまたがり、日本ではじめての公害で知られる足尾銅山がありました。

那須岳
那須高原
那須塩原市
那珂川
八溝山地
男体山
日光市
中禅寺湖
足尾山地
宇都宮市
鬼怒川
渡良瀬川
関東平野

県庁所在地
宇都宮市
面積
6408平方キロメートル
人口
191万人
（2022年）

50

栃木県のここがすごい！

すごい！

イチゴ1位！

冬から春にかけて日が当たる時間が長く、高地も低地もあり、時期を少しずつずらして長くとれます。「とちおとめ」など、人気のイチゴが品種改良でたくさん開発されました。

クリスマスに合わせて育てれば高く売れるよ！

すごい！

家康が
えらんだ日光！

江戸幕府をひらいた徳川家康が、自分が死んだらまつる場所としてえらんだのが日光でした。日光東照宮がたてられ、多くの人がおとずれる観光地になりました。

華厳の滝や中禅寺湖、鬼怒川温泉なども人気！

すごい！

那須高原の
酪農！

那須高原はすずしくて、米などの農業には向きませんが、牛を育てるのに合っています。観光牧場など酪農に観光を組み合わせ、大きく成長しました。

乳しぼり体験

乳しぼりなどの体験も人気！

栃木県の なぜ？どうして？

？ なぜかんぴょうが 日本一？

のりまきなどに入っているかんぴょうは、ユウガオという植物の実をむいて、かわかしたもの。火山灰がつもってできた水はけのよい軽い土は、育てるのにぴったりでした。国から特産物に指定され、多く作られています。

きゅうりや スイカと同じ「ウリ」の なかまなんだ！

？ 有名な足尾銅山。 どんな場所？

たくさんの銅がとれた足尾銅山。しかし、山から出るガスや水は、近くの村の人たちに大きなひがいをあたえました。地元の政治家の田中正造は、この問題のために命をかけて国とたたかいました。

この事件は 教科書にのるほど 有名になったよ

？ 大谷石が有名。 なぜ？

宇都宮市内の大谷町でとれる大谷石。軽くてやわらかく、手を加えやすいため、建物の屋根やかべなどに広く使われています。東京の帝国ホテルで使われたことで有名になりました。

石をほったあとの 空間も、ロケ地や 観光地として人気！

じっさいに 入ることも できるよ！

栃木県あるある
栃木県でおなじみのレモン牛乳。でもレモンは入っていないよ！　給食で大人気。

52

内陸なのに工業がさかん！

どうして こうなった!?

工業は重い金属や商品を運ぶため、港の近くでさかんになります。しかし海も港もない栃木も、工業がさかんです。なぜでしょう？

もともとのぎじゅつに高速道路の発達がプラス！

栃木県には日産自動車の工場がたくさんあり、ものづくりがさかんでした。その後、高速道路が発達し、船は使えなくてもトラックで早くたくさんものを運べるようになりました。

べんりな場所に団地をつくったので、ここに工場をおねがいします！

地元の人のはたらき場所にもなっているよ

オレたちが手を組んだら最強！

高速道路の近くに工業団地がつくられる

県や市は、都会へのアクセスのよさをいかして、産業を発展させようとしました。そこで高速道路のインターチェンジの近くに、工場や倉庫を計画的に集めた工業団地をつくりました。そして大きな会社におねがいして、たくさんの工場をたててもらいました。

名物について知ろう！

日本一はわたさない！ぎょうざ戦争！

宇都宮市はぎょうざのまちとして知られます。1年間に1家族がぎょうざを買うお金はずっと日本一でした。しかし、近年は静岡県の浜松市がのびてきて、1位をとられる年も。これが「ぎょうざ戦争」とよばれ、市民は1位を守ろうと必死です。なお栃木県は、ニラの生産もトップクラスです。

群馬県

県のほとんどが山地！
高冷地農業がさかん

南東部をのぞき、県のほとんどが山地です。浅間山や、「上毛三山」とよばれる3つの山など、有名な火山も多いです。

そして、火山のめぐみといえば温泉。草津温泉をはじめ、多くの温泉地に観光客がおとずれます。

嬬恋村など西部の高地は、夏にすずしい気候を生かした「高冷地農業」がさかん。とくにキャベツの生産量は日本一※です。

※2021年

越後山脈

山をこえれば新潟県。関東と北陸のさかい目で、ここで大きく気候が変わります。

尾瀬ヶ原

群馬県、栃木県、福島県、新潟県にまたがる本州最大の湿原で、自然がとてもゆたかです。

浅間山

かこに何度もおこした火山のばくはつが、さまざまな地形を生み出しました。

越後山脈
尾瀬ヶ原
上越山脈
草津町
利根川
吾妻川
嬬恋村
榛名山
赤城山
前橋市
浅間山
高崎市
関東平野
富岡市
妙義山
渡良瀬川

県庁所在地
前橋市

面積
6362平方キロメートル

人口
191万人
（2022年）

54

群馬県のここがすごい！

すごい！

温泉大国！

湯量日本一の草津温泉にくわえ、伊香保温泉や四万温泉も有名。江戸から近いので、体にもよい温泉を目当てに、昔から多くの人びとがおとずれました。

大きな宿やホテルから、
小さな一軒宿まで、
いろいろえらべることも
人気のひみつだよ

ほかの県の農家にも
育て方を教えて
広めているよ

イモはこんなの！

すごい！

こんにゃく 1位！ ※

こんにゃくはイモから作られます。日本のこんにゃくイモの生産量は9割が群馬。収穫まで3年ほどかかり、作るのがむずかしいので、国から特産品として守られています。

※2021年

すごい！

富岡製糸場！

明治時代に入ってからの日本は、国としての力を上げるために、工業の発展を目指しました。富岡製糸場はそうして国によってつくられた代表的な工場です。

群馬県は今でも、
糸やその材料となるマユの
生産がさかんだよ

群馬県 の なぜ？どうして？

？ なぜキャベツが 日本一？

ほかの県ではキャベツは春や秋が中心です。でも群馬県では、嬬恋村など夏もすずしい気候を生かして、時期をずらして夏にキャベツを作り、高く売ります。昼と夜の気温の差があって雨が多いのも、たくさん作れる理由です。

時期をずらすことを「抑制栽培」というよ！

？ 尾瀬の自然が 守られている理由は？

観光は自然を守りながらおこなうことが大切です。尾瀬では湿原をいためないように木道を作り、ゴミを持ち帰る運動など、さまざまなことが取り組まれました。今ではあたりまえですが、この考えは尾瀬からはじまったといわれています。

自然を守る工夫がたくさん！

？ みんな知ってる？ 上毛かるた

子どものころから遊ばれ、群馬県の人ならだれでも知っているのが「上毛かるた」。県の文化や自然、れきしや産業などがかるたにされ、遊びながら学べます。

つる舞う形の群馬県！

つる舞う形の群馬県！

はい!!

からっからの
風がふく!

冬に山から強くふきおろす「からっ風」は、北関東の気候のとくちょうとして広く知られています。とくに有名なのが群馬県です。

遠くアジアの大陸から
はるばるやってくる!

冬の北西の季節風は、大陸からやってきて、とちゅうの日本海でたくさんの水分をふくみます。そしてしめった雲になり、山にぶつかることで、日本海側にたくさんの雪をふらせます。その後、山をこえて群馬県側にやってくると……。

もう
からっから〜

水分補給して
新潟あたりに
雪をふらせるぞ!

水分はもうないよ!
でも強くてつめたいよ!

すでに多くの雪をふらせているので、季節風には水分がのこっていません。そのためつめたい、とてもかんそうした風になり、山からふきおりてくるのです。風の強さもとくちょうで、ときには台風なみになることもあります。

都市について知ろう!

よきライバル!?
それとも?
前橋市VS高崎市

だいたいの都道府県では、政治の中心である県庁所在地に、人口や商業などが集まることが多いです。しかし群馬県には、政治と文化のまちの前橋市と、交通と商売のまちの高崎市があります。「双子都市」とよばれ、うまく役割が分けられていますが、ライバルとしてきそいあう一面もあります。

海と山のめぐみがあふれる房総半島

千葉県

工業、農業、漁業が発達
日本一もたくさん！

都市部の北部、平野が広がる中部、房総半島の南部と大きく3つに分かれます。海が近いためにいいことがたくさん！まず漁業がさかんです。船が行き来しやすいため、東京湾ぞいを中心に工業もさかん。海が近く冷えこむことが少ないので、農業もさかんです。ダイコンやラッカセイの生産量1位※1、銚子港の水あげ量1位※2など、日本一も多いです。

※1 2021年　※2 2022年

野田市
柏市
関東平野
利根川
成田市
下総台地
銚子市
江戸川
浦安市
千葉市
八街市
九十九里浜
東京湾
養老川
木更津市
房総半島
館山市
太平洋

下総台地

なだらかな地形が広がる台地で、ラッカセイやスイカなどの畑作がさかんです。

九十九里浜

約66キロメートルもある、日本でいちばん長い海岸線。海でのレジャーも人気。

房総半島

千葉県のほとんどをしめる半島で、黒潮のえいきょうでとてもあたたかい気候です。

けんちょうしょざいち
県庁所在地
千葉市
めんせき
面積
5157平方
キロメートル
じんこう
人口
627万人
（2022年）

千葉県のここがすごい！

都市部の発展！

東京湾ぞいのうめ立て地は、東京ディズニーリゾートなどの大きなしせつがたくさんあります。また工業もさかんです。県北部にもベッドタウンが広がります。

うめ立て地は計画的にまちがつくられているよ

土の中にできるんですよ

ラッカセイ1位！

全国の約8割が、千葉県で作られています。火山灰の多い土地でほかの作物は育ちにくいですが、ラッカセイにはぴったり。同じ理由でスイカ作りもさかんです。

南房総の農業や漁業！

房総半島の南部は、あたたかい気候を生かしていろいろな野菜やフルーツ、花の生産がさかん。さらに、アジやアナゴ、マグロなどの漁業もとてもさかんです。

都市部ともはなれ、ゆたかな自然が広がっているよ

千葉県の なぜ？どうして？

？ なぜ成田に 大きな空港が？

成田国際空港は日本の空のげんかん口として、外国からの飛行機が多くやってきます。成田がえらばれた理由は、東京からの近さと、広い土地があったからです。

国際線を利用する人数と、飛行機で運ぶ貨物の量も日本一！※

※2022年

？ 銚子港が 日本一の理由は？

銚子港のまわりには、深さ200メートルほどの浅い海がつづいています。これを「大陸棚」といい、多くの魚がすんでいるため、たくさんの魚がとれます。

銚子港

200 メートル

大陸棚

なだらかな おかみたい！

？ しょうゆ日本一は どうして？

銚子市や野田市をはじめ、千葉県はしょうゆ作りも日本一※。その理由は利根川があったからです。たくさんの人が住む江戸に船で運ぶのに、とても便利でした。

※2021年

利根川からそのまま江戸に入れたよ

利根川

野田

江戸

銚子

千葉県あるある
学校の出席番号はあいうえお順ではなく、誕生日順になっているよ！

京葉工業地帯が 発達した理由

千葉県の東京湾ぞいには「京葉工業地帯」が広がり、石油化学や鉄鋼業が発達しています。その理由はやっぱり、海ぞいにあるからです。

石油化学工業や鉄鋼業には たくさんの原料がいる!

石油化学工業には石油が、鉄鋼業には鉄こう石や石炭といった原料がたくさん必要です。日本はこうした資源が少ないので、外国から買うことでまかなっています。さらに、東京湾はまわりを陸地にかこまれた「内海」なので、波が高くなく、大きな船が入りやすいのです。

はたらかせて～!

できたから買って～!

重い資源を運ぶには船が安い!
できたものを運ぶのにも便利!

内海　　外海

大都市が近いので はたらける人も多い!

さらに、大きな工場で大きなものをつくるには、たくさんの人にはたらいてもらわなければなりません。そのため、大都市からの近さも重工業が発展する理由になります。さらに、大都市が近ければ、つくったものを買ってくれる人や会社もたくさんあります。

地名について知ろう!

なんで 「千葉」なのに 「東京」なの?

TOKYO?　CHIBA?

浦安市の「東京ディズニーリゾート」をはじめ、千葉県なのに「東京」とつくスポットがあります。人の動きや経済が東京と一体化していることや、東京の名前を使いたいことなどが理由です。逆に「新東京国際空港」から「成田国際空港」に名前をかえたようなパターンもあります。

埼玉県

たくさんの野菜が作られ
広い平地で工業も発達

東京の会社や学校に通う人が多く、都心とつながる鉄道ぞいに、たくさんベッドタウンがあります。そのため、人口もとても多いです。

利根川や荒川をはじめ大きな川が流れています。その水を使った米作りや、深谷市の深谷ねぎなど近郊農業もさかんです。

高速道路ぞいを中心に大きな工業団地がつくられ、工業も発達しています。

深谷市
熊谷市
利根川
長瀞町
秩父盆地
秩父市
荒川
関東平野
春日部市
岩槻
川越市
秩父山地
所沢市
さいたま市
狭山丘陵

秩父盆地

県西部の山地の間に開ける盆地で、秩父や長瀞など、ゆたかな自然が広がります。

荒川

秩父地方から埼玉県をつらぬき、東京湾に流れる大きな川で、農業に役立っています。

狭山丘陵

東京都とのさかいに広がる丘陵で、狭山茶で知られる茶葉の生産がさかんです。

県庁所在地
さいたま市

面積
3798平方
キロメートル

人口
734万人
（2022年）

埼玉県のここがすごい!

すごい！ ベッドタウン！

東京から近い南部はもちろん、中部や北部にも東京に通う人が多く、県全体がベッドタウン。そうなった理由は、都心とむすばれた鉄道の発達が大きいです。

所沢市など鉄道会社が中心となって大きくなったまちもあるよ

所沢

すごい！ 秩父地方の自然！

長瀞渓谷

県西部は山がちな地形で、ゆたかな自然が広がります。秩父市や長瀞町は観光でも有名です。また、武甲山では石灰石が多くとれ、セメント工業が発達しています。

すごい！ 深谷ねぎなどの野菜！

近郊農業がさかんで、100種類以上の野菜が作られています。とくに利根川と荒川にはさまれた深谷市は、深谷ねぎをはじめ、野菜のまちとして知られています。

埼玉県のネギの生産量は、千葉県、茨城県と毎年1位をきそっているよ

埼玉県の
なぜ？どうして？

? 大型しせつが 多いのはなぜ？

多目的アリーナやスタジアム、ショッピングセンターなど大きなしせつが多い埼玉県。交通が発達していること、人口が多いこと、広い土地が多く東京都内などとくらべて安く使えることも理由です。

でかい!!

ひろい!!

? 気温が高いのは どうして？

熊谷市は 2018 年に、41.1 度の日本の最高気温を記ろくしました。内陸で海から遠く、海からの風が東京の都心を通るときにあたためられてやってくるからです。また、秩父の山からの風も気温が上がる理由です。

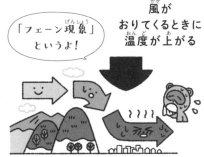

「フェーン現象」というよ！

風がおりてくるときに温度が上がる

? 伝統工芸が さかんな理由は？

江戸時代からつづく伝統工芸が今ものこっています。県内を日光に向かう日光街道が通っていて、人の通りが多かったので、その周辺で産業が発展しました。さいたま市岩槻の人形や、春日部市のたんすが有名！

日光東照宮をつくった職人がはじめたよ

埼玉県あるある
じつはかくれた「うどん県」。香川県のつぎにうどんが作られています。

人口がふえ
つづけている県

埼玉県は日本で数少ない、ずっと人口がふえている県です。
一方で、これからお年よりがふえていくことが予想されています。

核家族化で住むのに
ちょうどいい県に！

昔はおじいちゃんおばあちゃん、お父さんお母さん、そして子どもたちがいっしょに住む家が多くありました。しかしその後、べつべつに住む家がふえ、これを「核家族化」といいます。東京に近いうえ、都心ほど住むのに高くない埼玉県は、わかい家族が自分たちでくらすのに、ちょうどよいバランスでした。

> ひっこしてきました！

30年後

> 都心から
> 少しはなれた「郊外」に
> うつり住む人がふえたよ

> ぼくたちだけで、
> 埼玉に
> 住みますー！

だんだん年をとっていき
都心にまたもどる人も

しかし今後はお年よりがふえる「高齢化」が予想されています。うつり住んできた人たちは同じぐらいの年の人が多く、同じように年をとっていくからです。さらに日本の全体的な人口はへっているので、東京など都心に住んでいた人がなくなったりして家があまってくるため、また都心にもどる人も出てきています。

都道府県について知ろう！

県と県の
さかいめって
どう決まる？

県境

県と県のさかいの「県境」は、昔の国のさかいをもとにすることが多いです。昔の国は、山や川など自然の地形をさかいにしていました。埼玉県も利根川や荒川、また関東山地の山が県境になっています。ただし利根川は昔と形がかわっているので、県境がふくざつになった場所もあります。

神奈川県

人口や産業の多さにくわえ
じつは自然もゆたかな県

東京都につぐ人口第2位の県。大都市が集まり、とくに人口が多い東部は、東京のベッドタウンの役わりもあります。

東京湾ぞいには石油化学工業や自動車工業がさかんな京浜工業地帯が広がります。

野菜作りがさかんな三浦半島や、海水浴で人気の湘南海岸、西部の丹沢山地などで自然もたくさん。関東地方の西の入り口にあたる箱根町は、温泉が人気です。

相模原市●

川崎市●

丹沢山地

横浜市●

東京湾

丹沢山地
県北西部に広がる山地で、じつは県全体の6分の1の面積をしめています。

鎌倉市●

相模川

江ノ島
湘南海岸

横須賀市●

三浦半島

酒匂川

足柄山地

小田原市●

箱根町●

相模湾

太平洋

県庁所在地
横浜市
面積
**2416平方
キロメートル**
人口
923万人
（2022年）

相模湾
三浦半島と静岡県伊豆半島の間にある広い湾で、漁業がとてもさかんです。

湘南海岸
東京などからの交通もべんりで、毎年たくさんの人が海水浴におとずれます。

66

神奈川県のここがすごい！

すごい！

京浜工業地帯！

神奈川県から東京都にかけてつづき、戦後、長く日本の工業の中心として発展。横浜市の自動車工業、川崎市の鉄鋼業や石油化学工業などがとくに知られています。

京浜は、東「京」と横「浜」をつなぐ場所だよ

沿岸部は多くの海をうめ立てて計画的に開発されたよ

すごい！

人口1位の横浜市！

江戸時代のおわりに横浜港が世界に開かれたことをきっかけに、まちが発展し人口がふえました。そして1978年には、日本一の人口をもつ市になりました。

すごい！

箱根の山と小田原の海！

県西部の箱根と小田原は、関東のさかいめでもあります。昔は江戸、今は東京につながる交通のかなめの場所です。温泉が出る箱根は宿場町としてさかえました。

海に近い小田原はかまぼこが人気

釣廣かまぼこ

神奈川県の

なぜ？どうして？

？ 中華街は どうやってできた？

港が開かれ、たくさんやってきた外国人たちは、自分たちの国のような家やまちをつくりました。そして「外国人住宅街」ができ、とくに有名になったのが中華街です。

中国料理店が多く
にぎわっているよ

？ 鎌倉に幕府が おかれた理由は？

鎌倉は、源頼朝という武士が日本初の幕府をおいた場所。幕府とは、武士が政治をするところです。鎌倉は南は海、そのほかの方角を山にかこまれた、守りをかためやすい場所でした。

今は観光地
として人気！

？ 三浦半島はなぜ 農業がさかん？

黒潮のえいきょうであたたかい三浦半島。冬でも野菜が育てられるので、同じ畑でたとえばキャベツ、スイカ、ダイコンと、1年に3つも作る「三毛作」がさかんです。

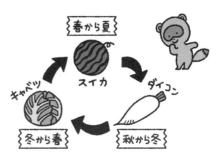

春から夏　スイカ
ダイコン　秋から冬
冬から春　キャベツ

神奈川県あるある

おみやげといえば「崎陽軒」のシウマイ。「シュウマイ」ではなく「シウマイ」だよ！

工業で空気が
よごれて公害に

京浜工業地帯は空気のよごれなどの公害が大きな問題となりました。
どのような問題になり、またどのようにかいけつしたのでしょうか。

国の成長のために
おろそかにされた自然

戦争にまけて10年以上がたった1960
年代、日本は大きな成長の時代に入り
ます。それをささえたのが工業で、京
浜工業地帯はそのトップでした。一方
で、工場から出るよごれた水やけむりは、
人が活動できなくなるほど川や海や空気
をよごしました。

今では空気や水を
よごさないように、
工業をしているよ！

きれいにしてから
自然にもどそう！

空気がよごれすぎて、
外で運動したり
遊んだりできない！

それではダメだと
反省した人びとは？

はじめは工業と国が発展するためにはし
ょうがないと考えていた人びとも、だん
だんとそれではいけないと考えるように
なります。水やけむりをきれいにしてか
ら空や海にはなつための技術を研究し
たり、お金がかかってもその技術を取り
入れたりして、環境問題に取り組むよ
うになりました。

地形について知ろう！

海に道ができる
トンボロ現象

湘南の江ノ島はふだんから橋でつなが
れていて、歩いて島に行けます。でも年
に60日ほど、1日1時間だけ海の道がで
きて、橋をわたらずとも島に行けるように
なります。この潮がひいて海があさくなり、
道ができることは「トンボロ現象」といっ
て、とてもめずらしい地形の変化です。

同じ地方でも
ぜんぜんちがう！

中部

日本海側の「北陸地方」と内陸部の「中央高地」に大きく分かれ、
さらに、太平洋側の「東海地方」（P98）もふくむことがあります。
この3つのエリアで、気候や産業はぜんぜんちがいます。
まずは北陸地方と中央高地について見ていきましょう。

こんなにちがう気候！

どちらも同じように寒い地方ですが、細かく見ていくとぜんぜんちがいます！

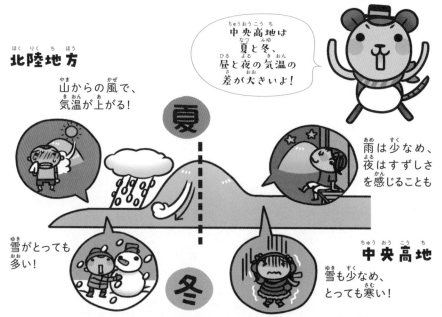

中央高地は
夏と冬、
昼と夜の気温の
差が大きいよ！

北陸地方

山からの風で、
気温が上がる！

夏

雨は少なめ、
夜はすずしさ
を感じることも

雪がとっても
多い！

冬

中央高地

雪も少なめ、
とっても寒い！

日本海側は米、内陸はフルーツ

北陸地方には越後平野や富山平野など、米どころがたくさん。中央高地の盆地はモモやリンゴなど、フルーツづくりがさかんです。日本海での漁業、きれいな水や空気をいかした精密機械工業も発達しています。

岐阜県（P110）が中央高地にふくまれることもあるよ

日本アルプス

本州の中央につらなる飛驒山脈（北アルプス）、木曽山脈（中央アルプス）、赤石山脈（南アルプス）を、合わせて「日本アルプス」といいます。

山梨、長野、新潟の「甲信越地方」、富山、石川、福井の「北陸地方」で分けられることもあるよ！

日本海

新潟

越後平野

北陸地方

越後山脈

富山平野

長野盆地

富山

石川

中央高地

飛驒山脈

長野

福井

木曽山脈

甲府盆地

岐阜

赤石山脈

山梨

▲富士山

愛知

静岡

三重

東海地方（P98）

世界的な豪雪地帯

冬に雪が多く、何メートルもつもる地いきを「豪雪地帯」といいます。北陸地方は地球全体で見ても雪が多い豪雪地帯です。

冬の季節風が高い山にぶつかって、たくさんの雪をふらせるよ！

中部
まず知っておきたいポイント！

北陸は農地の80〜90%が田んぼ！

※2022年

生産量が日本一※の新潟県をはじめ、日本海側は広い平野とゆたかな水で、米づくりがさかんです。冬は雪で農作業ができず、米だけを作る農家が多いです。

フルーツがりも人気だよ！

※2022年

長野県や山梨県の内陸部は、盆地の気温差を生かしたフルーツ作りがさかんです。長野県はリンゴがとくに知られ、山梨県はブドウやモモの生産量が日本一※。ブドウから作られるワインも有名です。

春〜秋

生きていくために冬にできる大切な産業なんだ！

冬

※2021年

雪が多い地いきでは、家の中でも手作業でできる伝統工業が発達しました。石川県の輪島塗や九谷焼などがとくに有名。冬の手工業は今も受けつがれ、福井県はメガネのフレーム作りが日本一※です。

72

どうなる!? 中部

寒いのは悪いことばかりじゃない!

雪が多い北陸地方も山が多い中央高地も、とても寒い地いきです。
しかし苦労ばかりではなく、よいこともたくさんあります。

寒い気候を利用した農業が発展

春になってとけた雪はほうふな水となり、山の中の田んぼを中心に、米作りに使われることもあります。また、夏のすずしさを生かして中央高地で高原野菜栽培がなされ、うまく気候を利用しています。

寒さを強みに
かえればいいんだ!

雪や寒さのおかげで工業も発展

農業ができない冬にお金をかせぐため、手作業の伝統工業が発達。ほうふな雪どけな水は水力発電にも使われます。富山県では多くの水と電気が必要なアルミ産業が発展しました。

こまかな作業は
なれているから!

南にあるのに寒いのはなぜ?

100メートル高くなる
ごとに、0.6度ずつ
気温が下がる!

中央高地は北海道や東北地方とくらべてはるかに南にあるのに、とても寒いです。これは、日本アルプスをはじめ全体的に高い場所にあるから。長野県の軽井沢は北海道の札幌と同じくらいの平均気温です。

山梨県

美しい富士山とおいしいフルーツ

盆地でのフルーツ作りとすそ野での農業や畜産業が中心

県の南にそびえる富士山をはじめ、まわりを高い山にかこまれた県です。中央に広がる甲府盆地に甲府市があり、政治や経済、産業など、県の中心になっています。

甲府盆地は雨や雪の量が少なく、フルーツの生産もさかん。富士山や八ケ岳のすそ野では、夏でもすずしい気候を生かした高冷地農業や畜産業がさかんです。

北杜市
関東山地
丹波川
昇仙峡
甲州市
甲府市
甲府盆地
大月市
赤石山脈
桂川
都留市
河口湖
精進湖
西湖
本栖湖
富士五湖
富士吉田市
富士山
山中湖
富士川
身延山地

昇仙峡

秋の紅葉で有名な、自然ゆたかな谷です。昔はここで水晶という宝石がとれました。

富士五湖

山中湖、河口湖など、富士山のばくはつで川がせき止められてできた、5つの湖です。

富士山

高さ3776メートルは日本一。富士山などのばくはつで、火山灰の多い関東ローム層ができました。

県庁所在地
甲府市

面積
4465平方キロメートル

人口
80万人
(2022年)

山梨県のここがすごい！

すごい！ 日本一の富士山！

高さだけでなく山の形も美しい日本のシンボル。遠くはなれた場所にも「○○富士」とよばれる山があるほどです。昔は富士山が見えれば江戸といえるとされていました。

遠くからでも目立つ！

すごい！ ブドウ1位！

おもに甲府盆地で作られるブドウは、生産量が日本一※です。食べるブドウとワイン用のブドウ、どちらも作っているのは世界的にもめずらしいです。

※2022年

盆地の斜面にブドウ畑が広がっているよ

甲州市の勝沼ぶどう郷

すごい！ 古くから伝わるめん料理「ほうとう」

小麦粉で作っためんを、野菜や肉とにこんだ伝統料理です。栄養が高くおなかにたまるので、武将の武田信玄が戦中に食べていたといわれます。

かぼちゃやくまの肉など、そのときとれた具を入れていたよ！

75

山梨県の なぜ？どうして？

？ どうしてフルーツ作りがさかん？

ブドウのほかにも多くのフルーツが作られています。おいしく育つひみつは、盆地のため雨や雪が少なく、昼と夜の気温の差が大きいため。さらに扇状地で水はけがよいためです。山梨は太陽が出ている「日照時間」も日本一です。

※2022年

山がじゃまで雲が入れない！

モモの生産量も日本一※だよ！

？ ワインも日本一！理由は？

ブドウからつくるワインの生産も日本一※。ワインをつくる工場のワイナリーが約80もあります。日本でさいしょにワインづくりをはじめた県でもあります。ワイン用のブドウを育てて、そのまま工場へ運びます。

※2021年

？ ジュエリー産業が発展！なぜ？

昇仙峡で水晶がとれたので、宝石などを作るジュエリー産業が発展しました。もう昇仙峡ではとれませんが、その技術でジュエリーの生産額日本一※です。

※2016年

昇仙峡には水晶の噴水もあるよ！

※2015年

山梨県あるある
海はないのにおすしが大好き！ ひとりあたりのすし屋の数が日本一※です。

神様とあがめられる
富士山

富士山はただ高いだけでなく、文化的にも大切な山。
山や自然を神様とあがめる「山岳信仰」の代表例です。

たいへんだ!
富士山がおこっている!

大きく美しい富士山は、火の神として
あがめられ、何度もばくはつをくりかえ
したことは火の神がおこっていると考え
られました。人びとはいかりをしずめる
ためにいのり、山頂やふもとには神社
がたちました。今でもおまつりなど神に
感謝する行事が残っています。

山からの力を感じるから
きつい修行もがんばれる

昔は山に入る
こともおそれ多いと
きんしされていたよ

神の力を分けてもらうために
山頂を目指そう!

やがて火山活動が落ち着いてくると、そ
の大きな力を分けてもらおうと考える人
が出てきました。そこで、力をもらうた
めに山頂を目指して山に入りました。こ
の修行を「修験道」といいます。そう
してたくさんの人が歩いた山道は、今の
登山道のもとになっています。

遠くからおがませて
もらうだけでも
ありがたい

名物について知ろう!

リニア
モーターカー
実験線がある

山梨県にはリニアモーターカーを走らせるじ
ゅんびをしている「リニア実験線」があります。
東京と大阪をまっすぐにむすんだ線上にあり、
実際のルートとしても使われる予定です。都
留市にはリニア見学センターがあり、実験で
走っているすがたを近くで見られます。

長野県

山がちな地形と自然を生かした
農業や林業、工業がさかん

本州のほぼ真ん中にある県で、面積は第4位。県の南北に日本アルプスの山が連なります。面積の8割以上が山地で、長野盆地や松本盆地など少ない平地に人口が集中しています。

木曽ヒノキなどの林業や、キャベツなどの高冷地農業、盆地でのフルーツ作りなど、産業も山がちな地形を生かしています。精密機械工業も発展しています。

野辺山高原

八ヶ岳のすそ野に広がり、レタス作りがさかんです。日本一標高が高いＪＲの駅もあります。

諏訪湖

諏訪盆地のもっともくぼんだところにあり、周辺は精密機械工業が発達しています。

木曽山脈

人がうえたのではなく自然に育った木曽ヒノキは、たてものの材料に多く使われています。

野尻湖
長野盆地
長野市
飛騨山脈
松本盆地
千曲川
浅間山
軽井沢町
松本市
諏訪湖
八ヶ岳
諏訪市
諏訪盆地
野辺山高原
木曽山脈
木曽川
赤石山脈
天竜川

県庁所在地
長野市
面積
1万3562平方キロメートル
人口
202万人
（2022年）

長野県のここがすごい！

すごい！ 日本の屋根ともよばれる高い山脈！

東から赤石山脈、木曽山脈、飛騨山脈の日本アルプスは、3つとも長野県内を通っています。林業や高冷地農業だけでなく、登山やスキーなど観光産業もさかんです。

山好きの人のあこがれ！

高さ500メートル以上の野辺山高原がとくに有名！

すごい！ レタス1位！

高冷地で育てる「高原野菜」として代表的な、レタスの生産量が日本一※。すずしい気候を生かして、高く売れる夏にしゅうかくする「抑制栽培」をおこなっています。

※2021年

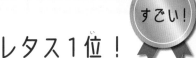

水がいいことも、そばがおいしい理由だよ

すごい！ そばが有名！

「信州そば」とよばれるそばも、とても有名です。すずしく平地も少ないので、米や小麦が育てづらく、昔からそばの栽培がさかんになりました。

長野県の
なぜ？どうして？

東京からの交通もべんりだったんだ

? 軽井沢が人気なのはどうして？

軽井沢は高原リゾートとして人気です。明治時代に日本にやってきた外国人たちが、夏の暑さをさけるために家をたて、夏の間だけうつり住んだのが始まりです。

スバラシイ～

? 精密機械工業がさかんな理由は？

カメラや時計などの精密機械をつくるとき、よごれたものが少しでもまじってはいけません。そのためきれいな水や空気が大切で、諏訪湖近くの環境はぴったりでした。小さくてトラックで運べるため、海から遠くてもだいじょうぶでした。

? 古いまちなみがのこっているのはなぜ？

県内を通る中山道は、東京と京都をむすぶ古くからの道で、道ぞいにまちができました。山の中で工業などの産業が発展しづらく、古いまちなみの一部がのこりました。

漆器　…店　丸ま

長野県あるある

「信濃の国」という、県民なら子どもも大人もみんな歌える県の歌があるよ。

日本アルプスはどうやってできた？

3000メートル前後の高い山がつづく日本アルプス。
なんと今も成長しつづけているのです！

少しずつ動くプレートが日本アルプスをつくった！

地球の表面は「プレート」という何まいもの大きな岩の板でおおわれています。そして、目には見えないゆっくりとしたスピードで、少しずつ動いています。日本アルプスは3まいのプレートがちょうど重なる場所にあり、これらのプレートの動きが高い山やまをつくりました。

今でも1年で5ミリ近く高くなっているよ

プレートはそれぞれ1年に数センチずつ動いているんだ

ユーラシアプレート

フィリピン海プレート

プレートどうしがぶつかっておし上げられる

日本アルプスで重なる3枚のプレートのうち、フィリピン海プレートはつねに日本列島の方向に動いています。そのため、ユーラシアプレートなどとぶつかる部分は、長い年月ずっとおされつづけています。そうして少しずつ地面がおし上げられて、高い山になっていったのです。

地形について知ろう！

湖や山をほると、昔のことがわかる

だれも知らない昔のことを教えてくれるのが、化石や地そうです。野尻湖はナウマンゾウの化石が発見され、有名になりました。ほかにも多くの化石が見つかり、昔の日本人のくらしなど、多くのことがしらべられています。

新潟県

米作りがさかんな
日本を代表する豪雪地帯

日本海ぞいの細長い県で、面積は日本で5番目。日本を代表する豪雪地帯です。

平野部を中心におこなわれる米作りは、日本一の生産量※1をほこります。

昔は佐渡島に金が出ました。さらに、今は日本海で石油と天然ガスが日本一※2多く出ています。日本で使うほぼ100％を外国から買っているとはいえ、きちょうな産地となっています。

※1 2022年　※2 2021年

越後平野
本州日本海側でもっとも広い、約2000平方キロメートルの面積をほこります。

佐渡島
本州から約30キロメートルの日本海にうかぶ島で、金山や鳥のトキで有名です。

信濃川
長野県から新潟県をへて日本海に流れこみ、川の長さ367キロメートルは日本一です。

荒川

阿賀野川

信濃川

越後平野

新潟市

燕市

三条市

長岡市

越後山脈

佐渡島

佐渡市

日本海

上越市

高田平野

南魚沼市

八海山

妙高山

苗場山

県庁所在地
新潟市
面積
1万2584平方キロメートル
人口
215万人
（2022年）

新潟県のここがすごい！

すごい！

米の生産量1位！

昔は湿地で悪い米しかとれませんでしたが、土地改良と品種改良をがんばったおかげで、よい米が日本一多くとれるようになりました。

とくに南魚沼市の「魚沼産コシヒカリ」が味がよいと人気だよ！

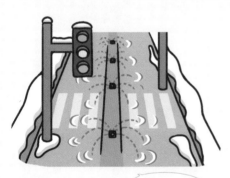

工夫がいっぱい！

すごい！

世界有数の雪国のくらし！

雪国ならではの工夫がたくさん。たとえば雪がつもらないように、信号をたてにしたり道路に水を流したり、屋根に雪をとかすための電線を通していたりします。

すごい！

トキを守る！

もともと日本に多くいたトキですが、人のせいでへっていき、最後の数羽は佐渡島で保護されました。そのため、今もトキを野生にもどす活動がおこなわれています。

新潟県の鳥にもなっているよ

新潟県の なぜ？どうして？

? 信濃川が大事！どうして？

信濃川は山からえいようが多い土とほうふな水を運び、米作りにとても役立っています。また、水は発電にも利用されていて、大きな水力発電所がたくさんあります。

水力発電のしくみ

ダムから水をとるよ。
クリーンな電力として注目！

? 佐渡島はなぜ有名なの？

江戸時代のはじめに金がとれるとわかってから、日本の政治をおこなっていた江戸幕府が金山を支配しました。そして、日本一金がとれると有名になりました。人の手で金をほりつづけ、なんと山をまっぷたつにわってしまいました。

山がわれちゃった！

道遊の割戸

? 燕市でカトラリーの生産が多い理由は？

新潟県はスプーンやフォークなどのカトラリー・金属洋食器の生産が日本一※です。燕市を中心に作られています。第一次世界大戦中ヨーロッパが食器を作るよゆうがなくなったため、たくさん注文が入ってさかんに。今は金属加工のまちとしても有名です。

お願い！作って〜！

※2018年

新潟県あるある

だいたい親せきのだれかが米を作っているので、お米は買わずにもらうもの！

トンネルを ぬけると雪国！

関東地方の群馬県から、新潟県に入ると、急に雪げしきにかわります。
その様子は、『雪国』という有名な小説のぶたいにもなっています。

関東地方と新潟県は 高い山でさえぎられていた

新潟県と群馬県の間には越後山脈の高くけわしい山がつらなっています。昔はこの山をこえるのがとても大変で、かんたんに行き来できるようにと、約10キロメートルもの長い鉄道トンネルがほられました。このおかげで東京と新潟は、4時間も早く行き来できるようになりました。

「国境の長い トンネルをぬけると 雪国であった」という 有名な一文があるよ！

長岡
直江沖
長野
清水トンネル
高崎
東京

前はぐるっと 遠回りしていたよ

関東側にはぜんぜんないのに 新潟県側は大雪だ！

トンネルをぬけて新潟県に入ると、反対側にはなかった雪がたくさんつもっています。高い山は人の行き来をむずかしくするだけでなく、気候も大きくかえます。その理由は季節風で、海からやってくるしめった風が山にぶつかって雪をふらせるため、日本海側だけ雪がふるのです。

地名について知ろう！

じつは同じ川！ 信濃川と 千曲川

長野県と新潟県を流れる信濃川は、同じ川なのに長野県では千曲川とよばれています。その理由は、川のよび方は今の都道府県にあたる、昔の国ごとに決まっていて、県境をこえるとよび方もかわってしまうからです。大人でも信濃川と千曲川がべつの川だと思っている人はたくさんいます。

富山県

農業、漁業にくわえ
ほうふな水を生かした工業も！

南部や東部に立山など3000メートル前後の山地がつらなり、北部の富山湾は深さ1200メートル以上。高いところと低いところの差がとても大きい地形です。

中央部の富山平野と西部の砺波平野を中心に、米作りやチューリップの栽培もさかんです。水と電気がほうふなため、その2つを使うアルミ産業が発展しています。

富山平野

富山湾ぞいに広がる大きな平野で、米作りがさかんにおこなわれています。

神通川

富山平野を流れ、大正時代からイタイイタイ病という病気が発生したことで有名に。

日本海
黒部川
富山湾
神通川
氷見市
黒部市
高岡市
富山平野
砺波市
富山市
常願寺川
飛騨山脈
砺波平野
庄川
黒部峡谷
小矢部川
飛騨高地

黒部峡谷

けわしい飛騨山脈のおくにあるとても深い谷で、高さ日本一の黒部ダムがつくられました。

県庁所在地
富山市
面積
4248平方キロメートル
人口
102万人
（2022年）

富山県のここがすごい！

すごい！

日本一の黒部ダム！

とてつもなく大きい、全長492メートルのアーチ式のダムです。日本一の186メートルの高さを生かした水力発電で、たくさんの電気が作られています。

多くの人とお金をかけて、1963年に完成したよ

とても深いからいろいろな深さにいる魚がとれるよ！

すごい！

富山湾の海の幸！

富山湾は日本海にすむ800種類の魚介のうち、500種類がすむといわれています。なかでもホタルイカや白エビ、氷見市の寒ブリなどがとくに有名です。

すごい！

アルミ1位！

水がほうふで、水力発電によって電気もたくさんあるため、その2つを使うアルミ産業がさかんです。家に使われるアルミニウム製サッシやファスナーの生産量が日本一※。

ファスナーの生産量は世界一！

常備薬

富山は薬の生産や販売でも有名だよ

※2020年

87

富山県のなぜ？どうして？

❓ 扇状地なのに米作りがさかんなのはどうして？

米作りがさかんな富山平野や砺波平野は、扇状地にあります。扇状地は水はけがよいためフルーツ作りには向いているものの、米作りには向いていませんでした。そこで土地を改良して、米が作れるようにしました。

❓ チューリップが有名な理由は？

砺波平野はチューリップの球根の生産量が日本一※です。米がとれない時期になにかできないかと、チューリップ栽培がおこなわれたのがはじまりです。雪の下はそこまでつめたくなく、温度や湿度が一定になります。

※2020年

雪のおふとんみたい！

❓ しんきろうが見えるのはなぜ？

富山湾では、じっさいはないはずのたてものや陸地が、海の上に見えることがあります。これをしんきろうといいます。空気の温度の差で、光の進む向きがかわることであらわれます。

あたたかい空気とつめたい空気のさかいめで光が曲がるよ！

富山県あるある
小学校高学年の学校行事で立山をのぼるよ！　山の高さは3000メートルごえ！

黒部ダムは なぜつくられた？

のべ1000万人の人手と、今のお金で2000億円以上もかけて、山のおくに大きなダムをつくりました。なぜでしょう？

使う量がふえて 電気がたりない！

戦後、日本が大きく成長すると、使う電気の量もどんどんふえていきました。そのため、電気をもっと作らないといけなくなりました。水力発電は高いところから低いところに、水をおとしたいきおいで電気を作ります。そのため、高い山と深い谷で高低差が大きい、黒部峡谷が新しくダムをつくる場所にえらばれました。

はくりょくが すごい！

とても たいへんだけど、ここにつくる しかない！

完成したダムは 日本の成長をささえたよ

きびしい自然を相手にした工事はたいへんで、完成するまで7年もかかりました。そして、たくさんの電気を作って、日本の経済の成長をささえました。また、工事のためにつくられた鉄道やトンネルは観光のために利用され、多くの人たちがダムを見に来れるようになりました。

地形について知ろう！ 日本にも 氷河がある！

「氷河」とは、その場で見ていてもわからないほどゆっくりと流れる大きな氷のかたまりです。黒部峡谷がある立山連峰には、5つの氷河があります。2012年にはじめて見つかり、それまでは日本に氷河はないと考えられていたので、大きな発見になりました。

れきしと伝統にいろどられる

石川県

有名な城下町と
さかんな伝統工芸

石川県は昔、加賀国とよばれてさかえました。江戸時代にここをおさめたのが前田家という武士一族。加賀藩としてさらに発展させました。今でも前田家がつくった城下町、金沢市が県の中心です。

産業は能登半島で漁業、金沢平野で米作りがさかん。金沢市の金ぱく、輪島市の輪島塗など、江戸時代からつづく伝統工芸も有名です。

能登半島

平地が少ないため、おかの斜面にかいだん状の「たな田」が作られています。

七尾湾

能登半島の大きな湾で、おだやかな海を利用したカキの養殖漁業がさかんです。

白山

自然のブナ林が広がる日本三名山のひとつで、山岳信仰の山としても知られています。

輪島市
能登半島
七尾湾
七尾市
羽咋市
日本海
金沢平野
手取川
梯川
金沢市
加賀市
両白山地
白山

県庁所在地
金沢市

面積
4186平方キロメートル

人口
112万人
（2022年）

90

石川県のここがすごい！

すごい！

金ぱくのほぼ
すべてを作っている！

日本の金ぱくの99％が金沢市で生産されています。もともと砂金がとれ、江戸時代に金ぱくを勝手に作るなと禁じられても、かくれて作りつづけたことが理由です。

ソフトクリームまで金ぱく！

「金沢」の地名も砂金がとれたからだといわれているよ

すごい！

どの季節におとずれても美しい

日本三名園の
兼六園！

金沢市にある有名な日本庭園が、兼六園です。前田家の庭園で、江戸時代に少しずつ手を加えながらつくられました。日本三名園のひとつにえらばれています。

すごい！

能登半島！

美しい景色が広がる自然ゆたかな半島で、漁業や農業がさかんです。2024年の地しんで大きなひがいを受け、元のすがたにもどることが願われています。

ゆたかな自然を産業に生かしていたよ！

石川県の
なぜ？どうして？

？ 輪島塗は なぜ有名？

ウルシの木からとれる液をぬり重ねて作る食器などを、「漆器」といいます。近くにケヤキやウルシなどの漆器の材料がたくさんあるので、有名になりました。

NURI NURI…

じょうぶで美しく仕上がるから人気！

？ 九谷焼は どうして発展したの？

加賀市を中心に作られる焼き物の九谷焼も、県を代表する伝統工芸です。前田家とのとのさまが、材料となる陶石がとれることに目をつけ、発展させました。

KUTANI!

あざやかでごうかいな絵付けがとくちょう！

？ 和菓子文化が 根づいた理由は？

金沢は和菓子も有名です。大名にはお茶をたしなむ茶道が好きな人が多く、前田家はとくにねっしんでした。そのため茶道にかかせない和菓子文化が広がりました。

おとのさまにさしあげていたんだね

WAGASHI!

※2022年

石川県あるある
アイスが大好き！ 金沢市は日本でいちばんアイスに多くお金を使う市※なんだ！

加賀百万石の まちづくり

どうして こうなった!?

石川県は昔「加賀百万石」とよばれました。一石はひとりが
1年で食べる米の量なので、百万人をおさめるほどゆたかだったのです。

広い土地があって 幕府となかよし!

加賀藩はとても広いため、米がたくさん
とれました。さらに、全国ににらみを
きかす幕府の徳川家にとても気をつかい、
よい関係をきずいていました。そのため
徳川家も安心して、少しぐらいさかえて
もよいだろうと、いろいろと見のがして
もらえました。

わたしたちは
さからい
ません!

よかろう

百万石のゆたかさで 文化や産業が発展

こうして、平和な江戸時代にお金もあっ
た前田家は、住んでいる金沢のまちづ
くりにとても力を入れました。兼六園を
はじめ、とても美しいスポットが多いの
はそのためです。また、同時に産業も
発展させました。伝統工芸の輪島塗や
九谷焼、そして和菓子のきらびやかさが、
百万石の当時のゆたかさを今に伝えて
います。

名物について知ろう!

砂浜を 車で走れる ドライブウェイ!

羽咋市の日本海側を走る「千里浜なぎさドライ
ブウェイ」は、日本でここだけ、世界でもめずら
しい、砂浜をそのまま車で走れるドライブウェ
イです。約8キロメートルの道で、すながき
めこまかく、かたく引きしまっているので、重い
車もバイクも自転車も、すなにうもれることなく
走れます。車のCM撮影でよく使われました。

福井県

山地が海の近くまでせまるけわしい地形。京都に近く、昔から都と交流があったのもとくちょうです。若狭湾でとれた魚やカニが京都へ運ばれ、さかえました。敦賀港は、海が深く大きな船が入れるため、ロシアや中国など大陸からの入り口になりました。

勝山市の恐竜、鯖江市のメガネフレームなども有名です。

福井平野

九頭竜川の下流に広がり、南北に長い平野。米や麦などの農業がさかんです。

日本海

東尋坊

坂井市

九頭竜川

勝山市

福井市

両白山地

福井平野

鯖江市

若狭湾

2657平方キロメートルのとても広い湾で、湾のなかにさらに敦賀湾や小浜湾があります。

敦賀湾

敦賀半島

敦賀港

若狭湾

敦賀市

三方五湖

小浜湾

小浜市

三方五湖

若狭湾ぞいにかたまる5つの湖を合わせたよび方で、それぞれちがった青色に見えることで有名です。

県庁所在地
福井市

面積
4191平方キロメートル

人口
75万人
（2022年）

94

福井県のここがすごい！

すごい！ 恐竜王国！

勝山市では、恐竜が生きていた時代の、骨などがたくさん集まった地そうが見つかりました。このためたくさんの恐竜の化石が発見されています。

県の名前をとった フクイサウルスも 発見されているよ！

すごい！ メガネフレーム 1位！

鯖江市を中心に、国内のメガネのフレームの約9割が福井県で作られています。雪が多く農作業ができない冬の間に、農家がおこなう副業としてさかんになりました。

鯖江駅には でっかいメガネ フレームが！

すごい！ 魚いっぱい 若狭湾！

リアス海岸の若狭湾は、越前ガニをはじめ多くの種類の海産物がとれます。広くおだやかな海でおこなわれる養殖漁業もさかんで、とくにトラフグが有名です。

made in WAKASA

どっちも おいしい！

福井県の
なぜ？どうして？

? 越前ガニはなぜ福井だけ？

福井県で水あげされるズワイガニのオスだけを「越前ガニ」といいます。ただし、じつは石川県の加能ガニや、鳥取県の松葉ガニなども同じズワイガニです。水あげされる港で名前がかわります。

キミは
「越前ガニ」ねー！

? 敦賀港が有名なのはどうして？

おだやかで深いリアス海岸にある敦賀港は、大きな工事をしなくてもとてもよい港で、明治時代からさかえていました。さらに、京都や大阪などと近いため、早くに鉄道でむすばれました。このため鉄道と船で日本が大陸とつながる港になったのです。

丸1日でちょうど
おいしい塩かげんに
なったよ！

? 鯖街道ってなに？

若狭湾でとれるサバは京都の都で大人気でした。多くのサバが運ばれたため、京都へとつづく道は「鯖街道」とよばれました。サバは塩づけにされて、丸1日かけて運ばれました。

よろしくねっ！

福井県あるある
カニが好きすぎて、ハサミを使わずに食べられる人が多いよ！

どうして
こうなった
!?

東尋坊は
どうやってできた？

坂井市の日本海ぞいに、東尋坊という急ながけがあります。
なんと1000万年以上かけて、この地形はできあがったのです。

地下のマグマがひえて
どくとくの形の岩に

東尋坊は、柱のように切り立った岩が1キロメートルにわたってつづきます。1200から1300万年前に、地下のマグマが地面近くまで上がってきて、地面の中でひえてかたまりました。そのとき、少しだけ小さくちぢむので、間に五角形や六角形のわれ目ができました。

こうした地形を「柱状節理」というよ。この大きさは世界でも3つしかない！

マグマがかたまりはじめたときはまだ地面の中だよ！

地上に出ると長い年月で
波や風にけずられる

その後、東尋坊がある地面全体が上がったりして、五角形や六角形のわれ目が地上に出てきます。そして長い年月をかけて、われ目のやわらかい部分が少しずつ波や風にけずられていきます。われ目はたてに入っているので、けずられずにのこった部分は急ながけになり、今のようなどくとくの海岸線になりました。

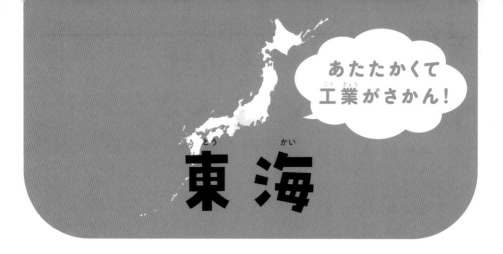

あたたかくて
工業がさかん！

東海

太平洋に面した3県と内陸の岐阜県からなり、
日本の中央にあるため中部地方にふくまれることも多いです。
あたたかい気候を生かした産業が発達していて、
とくに工業は出荷額日本一※の中京工業地帯があります。

※2020年

黒潮のえいきょうであたたかい！

太平洋側はあたたかい海流の黒潮が流れ、冬でもあまり寒くなりません。
濃尾平野のまわりは谷が多く、川がひとつに集まり、湾を作っています。

岐阜県は中央高地の
気候で、寒くて雪もた
くさんふります。

たくさん水分をふくんだ夏の
季節風で、雨が多くなります。

黒潮

風が
あたためられる

ひろーい濃尾平野

とても広い濃尾平野では、農業が発達しました。しかし、低い土地が多くて大きな川がたびたびあふれ、水害を起こしました。

東と西をむすぶ交通

関東地方と近畿地方をむすぶ場所にあり、海ぞいは平地も多いので、昔から人の行き来がさかんでした。

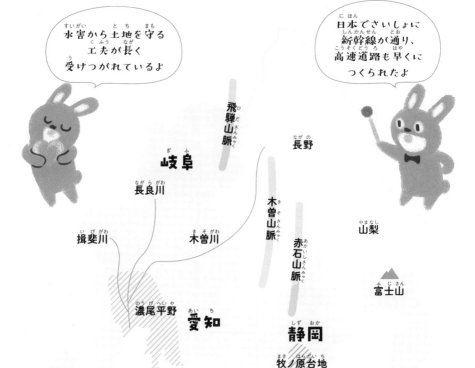

水害から土地を守る
工夫が長く
受けつがれているよ

日本でさいしょに
新幹線が通り、
高速道路も早くに
つくられたよ

飛騨山脈

長野

岐阜

長良川

木曽山脈

木曽川

揖斐川

赤石山脈

山梨

富士山

濃尾平野　愛知

静岡

牧ノ原台地

伊勢湾

駿河湾

三重

志摩半島

伊豆半島

太平洋

大きな港も
たくさんあるよ！

紀伊半島

海の近さを生かした工業

大きな自動車工場や、石油化学工場があって、とても工業がさかん。海が近くて、大きな船で材料やできたものを運べます。

99

東海 まず知っておきたいポイント！

中京工業地帯は愛知県を中心に、三重県と岐阜県にも広がっています。さらに静岡県も、浜松市のオートバイや楽器など、工業がさかんな県として知られています。

大がかりな工業が多いこともとくちょう

静岡県ではあたたかい気候を生かして茶やミカンが多く育てられています。濃尾平野では米作りのほか、人口も多いので近郊農業もさかんにおこなわれています。

海から山へとつづく斜面で作られているよ

静岡県の焼津港は、遠くの海までカツオやマグロをとりに行く、遠洋漁業の中心港です。一方で志摩半島の真珠など、岸のすぐ近くで養殖漁業もおこなわれます。

いっぱいとれたぞー！

焼津港は全国3位の水あげ量※だよ

※2022年

100

どうなる!?東海

日本の真ん中には日本アルプスの高い山が南北につらなっています。そこで山をよけ、東西に平野がつづく東海道に交通が集まりました。

とおせんぼ

こっち行こっか!

高い山で通れないから海ぞいを行こう!

東海道は江戸と京都をつなぐ道として、江戸時代に整えられました。もっとも短い直線で行くには高い山がじゃまになるので、少しまわり道になっても、海ぞいの平地は早く安く行き来できたからです。

船も道路も鉄道もみんな東海道に集まった

人の行き来が多いとまちが発展して、ますます交通が大切になりました。海ぞいの平野のイメージが強い東海地方ですが、じつは山が海の近くまでせり出しています。そのため、細長い平野に交通が集中しました。

体の大切な血管にたとえて、「日本の大動脈」とよばれているよ

ビューン・
プギー!
ドドド…

パンクしそうな東海道から日本の交通を守れ!

ギュウ もうっ…だめ… ギュウ
うく

じしんや火事で通れなくなっても、だいじょうぶなようにしておくよ!

とても交通が発達している東海道。しかし、それ以上に行き来する人やものが多くなり、たりなくなる時代もありました。そのため、2本目の高速道路をつくったり、リニアの工事が進んだりしています。

静岡県

太平洋ぞいに東西に長い県です。日本でもっとも高い富士山と、湾としてもっとも深い駿河湾があり、あたたかい気候もとくちょうです。

大都市の東京と名古屋にはさまれているため、東西交通が発達し、人口もふえ、産業も発展しました。伊豆半島などの東部、静岡市が中心の中部、浜松市が中心の西部の、3つの地いきに分けられます。

富士川

日本三大急流のひとつに数えられる川で、富士市の紙産業の発展にも役立ちました。

赤石山脈

富士山

富士市

沼津市

安倍川

静岡市

清水港

狩野川

焼津港

大井川

天竜川

駿河湾

伊豆半島

浜名湖

牧ノ原台地

太平洋

浜松市

駿河湾

水深2500メートルもある日本でいちばん深い湾で、深海にすむめずらしい魚がとれます。

伊豆半島

太平洋につき出た大きな半島。東部は火山活動が活発で温泉も多く、観光地として有名です。

県庁所在地
静岡市

面積
7777平方
キロメートル

人口
358万人
（2022年）

静岡県のここがすごい！

お茶1位！

生産量も茶畑の面積も国内の4割を
しめる、日本一の茶どころ※です。とく
に有名な牧ノ原台地をはじめ、中
部にはたくさんのお茶の産地があり
ます。

※2021年

牧ノ原台地に
広がる茶畑！

焼津港は
遠洋漁業の
基地になって
いるよ

いってきまーす

しずおか丸

海産物！

焼津港や清水港は遠洋漁業の
中心地として知られ、とくに焼
津港の水あげ量は日本3位※1
です。静岡県はマグロやカツオ
の水あげ量が日本一※2です。

※1 2022年　※2 2020年

多すぎず
少なすぎずの湿気が、
楽器づくりに合っていたよ

楽器とバイク！

西部の浜松市には、楽器とバイク
をつくっているヤマハの本社があ
ります。ピアノやけんばんハーモ
ニカなど、世界一つくられている
楽器がたくさんあります。

YAMAHA

YAMAHA

YAMAHA

静岡県の なぜ？どうして？

？ 伊豆半島は どうやってできた？

約2000万年前、伊豆は本州のはるか南の海にうかぶ島でした。北に少しずつ動くフィリピン海プレートの上にのっていたので、やがて本州とぶつかり半島になりました。

少しずつ動いて本州とぶつかった！

伊豆半島

1年で4〜5センチずつ動いたよ

？ なぜ富士市でたくさん紙を つくっているの？

富士市は紙の生産額が全国2位※で、紙のまちとして発展しました。山と川が近くにあり、紙をつくるために必要な木と水がたくさんあったからです。

※2020年

紙がたくさん使われる、大都市から近かったのも理由のひとつ！

天竜杉もよい木材だと有名だよ

？ 浜名湖のウナギが 有名な理由は？

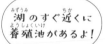

湖のすぐ近くに養殖池があるよ！

ウナギは真水と海水がまざった場所で育ちます。浜名湖は太平洋とつながっていて、真水に海水がまざっているのでウナギにぴったり。太平洋でウナギの子どもがたくさんとれたことなどから、養殖がさかんになりました。

浜名湖

静岡県あるある
おでんが大好き！ おかし屋さんにも黒いダシのおでんが売られているよ。

お茶やミカン作りが さかんな理由

静岡県はお茶作りとともに、ミカン作りも有名です。
どちらも気候と地形が大きくえいきょうしています。

あたたかくて 雨も晴れも多い!

お茶もミカンも寒さに弱いので、あたたかい気候が合っています。さらに、お茶は夏に雨が多くふったほうがよく育ちます。一方で、ミカンは太陽の光をたくさんあびてあまくなります。雨の多さと太陽が出ている時間の長さの両方をクリアしているので育ちやすいのです。

斜面に茶畑や
ミカン畑がつづくよ

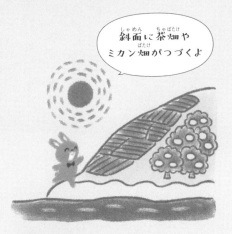

太陽のめぐみと
雨のめぐみの両方が
あるよ!

南に向けて 斜面になっている!

地形では南が太平洋の海、北が中央高地の山になっています。そのため、南から北に向かってだんだん高く、ななめになっている「斜面」が広がっています。太陽は南側からてらすので、南向きの斜面では光をいっぱいあびられます。だからお茶もミカンもとてもよく育ちます。

都道府県について知ろう!

富士山は だれのもの?

富士山は南側が静岡県、北側が山梨県になっています。しかし、山のてっぺんから東側にかけては、県のさかいめが決まっていません。何度か決めようとしましたが、どちらの県も「自分のものだ」とゆずりませんでした。今では2つの県が話し合い、ともに守っていこうと約束しています。

愛知県

中京工業地帯をひきいる日本一の工業県

全国で4番目に人口が多い県で、名古屋市は日本の三大都市のひとつです。世界で有名な会社のトヨタがあり、自動車産業をはじめ工業がとてもさかんです。工業出荷額は50年近く日本でずっといちばんです。

濃尾平野をはじめ平地が多く、渥美半島や知多半島もふくめ、米作りや近郊農業がさかんにおこなわれています。

濃尾平野

木曽川、長良川、揖斐川の3つの大きな川によってつくられた広い平野です。

濃尾平野
木曽川
庄内川
瀬戸市
名古屋市
豊田市
名古屋港
矢作川
東海市
岡崎平野
中部国際空港
豊川
伊勢湾
豊橋市
知多半島
豊橋平野
三河湾
太平洋
渥美半島

伊勢湾

名古屋港や中部国際空港（セントレア）があり、工業県の貿易をささえています。

渥美半島

とてもあたたかく雨が少ない気候で、キクやメロンなどの農業がさかんです。

県庁所在地
名古屋市
面積
5173平方キロメートル
人口
750万人（2022年）

すごい！

自動車！

トヨタの中心は豊田市で、会社の名前がそのまま市の名前になっているほど。車はたくさんの部品を使うので、それらをつくる工場もたくさん集まっています。

外国人労働者も多いよ

すごい！

名古屋市！

中部・東海地方の中心となる大都市です。広い平野があって農業がしやすいことや、陸・空・海の交通の中心なことなどが、人口がたくさんふえた理由です。

金のシャチホコの名古屋城がシンボル！

すごい！

八丁みそ！

みそは白みそ、赤みそ、合わせみそなど、地いきごとのちがいがよくあらわれます。愛知県で有名な八丁みそも、名物のみそカツなど代表的な地いきの食文化です。

小さいころからこの味が好き！だからいろんな料理に使っちゃうよ

八丁味噌

107

愛知県 の

なぜ？どうして？

❓ 名古屋港とセントレアが大切！ なぜ？

名古屋港は工業製品を世界に売る輸出額が日本一※。中部国際空港（セントレア）も上位です。すぐれた港と空港ができて、安心してものがつくれるようになりました。

※2021年

名古屋はもともと入り江があって、港のつくりやすい土地だったよ

❓ 渥美半島で農業がさかんな理由

あたたかくて晴れの日も多い渥美半島ですが、大きな川がなく、水が少ないことが弱点でした。そこで、豊川用水という水路を作って農業に大きく役立てました。メロンや、夜に電気をつけて育てるキクのさいばいも有名です。

夜が来ないなぁ

花がさく時期を調整して高く売るよ

❓ 瀬戸市はどうして焼き物のまちに？

瀬戸市は焼き物に使うのにとてもよい土が出たので、古くから瀬戸焼が有名でした。うつわ全体をさす「せともの」の「せと」も、そこからきています。

白く焼き上がる土で、美しいうつわに！

愛知県あるある
けっこん式に来てくれた人に、豆まきのようにお菓子をまくよ！

どうして こうなった!? 日本一の工業県になれたワケ

工業が大きく成長した愛知県。その中心の自動車産業はもともと、糸や生地をつくるせんい工業の機械づくりからはじまりました。

トヨタはもともとせんい機械をつくっていた

トヨタ自動車ははじめから車をつくっていたわけではなく、もともとはせんいをつくるための機械の会社でした。そこでつちかったこまかな技術を生かしてはじめたのが、自動車工業でした。今でもグループ会社はせんい機械もつくっています。

たくさんの自動車が世界に売られているよ!

せんいの機械もとてもこまかかったんだ!

立地や産業が自動車づくりにぴったりだった

工業の発展のために地理的に必要なのは港と平野で、愛知県にはどちらもありました。さらに東海市では、鉄をつくる鉄鋼業が発展しました。また、自動車の組み立ては言葉がわからなくてもできるので、外国人もはたらけました。こうして、立地、材料、はたらく人がそろい、たくさんの車をつくれるようになりました。

風土について知ろう!
愛知県の人はお金の使い方が上手!

高いものはあまり売れづらい愛知県。ムダなものは買わない、必要なものをちょうどよいねだんで買おうとする人が多くいます。一方で、けっこん式のようなとくべつなときには、ここぞとばかりに一気にお金を使い、メリハリがきいています。

岐阜県

あたたかく平野が多い南部と
山がちで寒くなる北部

南北で大きく気候がかわる、海なし県です。南部は濃尾平野の北側にあたる平地で、あたたかいです。北部は飛驒山脈などの高地で冬の寒さがきびしいです。

このため、中央高地の県として中部地方にふくまれることもあります。

また、北から南へ木曽川、揖斐川、長良川の3つの大きな川が流れ、古くから洪水などの水害になやまされてきました。

飛驒高地

高さ1500メートル前後の高地。川が流れてひくくなっている谷ぞいにまちができました。

濃尾平野

名古屋市の学校や会社まで通う人もたくさんいて、人口が集中しています。

飛驒山脈

長野県とのさかいとなる北アルプス。高さ3000メートル前後の山がつらなります。

飛驒高地
飛驒市
飛驒山脈
白川村
高山市
両白山地
下呂市
飛驒川
長良川
美濃市
揖斐川
濃尾平野
岐阜市
大垣市
木曽川
養老山地
木曽三川

県庁所在地

岐阜市

面積

1万621平方キロメートル

人口

195万人
（2022年）

岐阜県のここがすごい！

すごい！

木曽三川！

濃尾平野を流れる木曽川、揖斐川、長良川を合わせたよび名で、3つの川は県の南部で集まります。そのため、水害をふせぐ工夫がたくさん見られます。

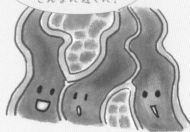

愛知県と三重県の県境では、3つの川がこんなに近くに！

すごい！

下呂温泉！

県中部の下呂市の、山の中の飛騨川ぞいにひらけた温泉街で、川にそって大きな旅館が立ちならびます。江戸時代には日本でベスト3の温泉にもえらばれました。

1000年以上前に発見されたという温泉だよ！

すごい！

白川郷！

300年以上前にたてられたかやぶき屋根の家とまちなみがのこる村です。深い山の中にあるため、みんなで助け合って生きる文化が残されました。今は世界遺産になっています。

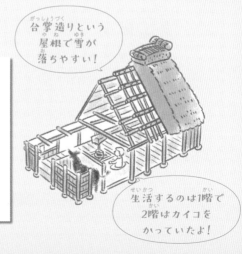

合掌造りという屋根で雪が落ちやすい！

生活するのは1階で2階はカイコをかっていたよ！

岐阜県 の なぜ？どうして？

「岐阜」と
名づけたのも
信長！

？ 織田信長はなぜ
岐阜をえらんだ？

戦国大名の織田信長は岐阜に城をつくり、そこから全国統一を目指しました。川が集まり、山からの道の出口にもあたる、交通の中心だったことが理由のひとつとされています。

？ 美濃和紙が
有名な理由は？

美濃市を中心につくられる「美濃和紙」は、1300年のれきしがあります。紙をつくるのに必要なコウゾという木と、水がほうふにあったため、さかんになりました。

洪水が多く
ほかの植物が
育ちにくかったなかで、
コウゾがたくさん
とれたよ

？ 高山市は
どうしてさかえた？

日本海にぬける道と、長野県を通って江戸までつづく道の交差点にあった高山市。まわりの山で切ってきた木を集める場所でもあり、古くからとてもさかえました。

今も古い
まちなみが
のこっているよ！

岐阜県あるある
自転車のことを「ケッタ」や「ケッタマシーン」とよぶよ！

水とのたたかい、水とのくらし

3本の大きな川が集まる県南部は、昔から水害が多い場所でした。
洪水をふせぐため、いろいろな工夫が考えられてきました。

家や畑を守るためには輪中しかない！

川より家や畑がある陸地のほうがひくい場所にあり、かんたんに水が流れこんでしまうことも、洪水になる理由でした。そこで、陸地をすべてかこって、水が入ってこないようにしました。これを「輪中」といい、今もたくさんのこっています。

なかなか水がひかなくてもいどうできる！

食べものや水もおいておいたよ

もしものために水屋や船も用意！

それでもまた水が入ってきたときのために、高いところに水がひくまで住める家を用意していました。これを「水屋」といいます。さらにふだん住む家には、いつでも自分たちでにげられるように船をおいていました。

名物について知ろう！
最先端の地下研究基地スーパーカミオカンデ

飛騨市の地下1000メートルの地中に、スーパーカミオカンデという研究しせつがあります。宇宙のなりたちをしらべるため、ニュートリノという物質の研究がおこなわれています。もともと鉱山があり、かたい岩石と、鉱山でつちかった深くまでほり進める技術があり、この場所がえらばれました。

三重県

和歌山県のとなりで近畿地方にふくまれることもあります。南北に長く、北部、中部、南部でとくちょうがちがいます。北部は工業がさかん。名古屋市に近く、ベッドタウンも多くあります。中部は日本で最高の神様「天照大御神」をまつる伊勢神宮が有名です。南部は台風や地形のえいきょうで雨が多く、林業などがさかんです。

伊勢平野

南北に細長い平野で、中京工業地帯の中心のひとつです。米を中心とした農業も。

上野盆地

伊勢平野と布引山地でへだてられた盆地で、伊賀市は忍者の里として有名です。

志摩半島

伊勢神宮がある県の中部の半島で、真珠の養殖や伊勢エビなど漁業がさかんです。

養老山地
鈴鹿山地
鈴鹿山脈
伊勢平野
四日市市
亀山市
鈴鹿市
鈴鹿川
上野盆地
伊勢湾
布引山地
伊賀市
津市 ◎
雲出川
櫛田川
伊勢市
宮川
伊勢神宮
志摩半島
英虞湾
紀伊山地
熊野灘
尾鷲市
太平洋

県庁所在地
津市
面積
5774平方
キロメートル
人口
174万人
（2022年）

114

三重県のここがすごい！

すごい！

工業！

北部を中心に、全国でも知られた工業県。大きな港をもつ四日市市は、石油化学コンビナートが広がります。亀山市は「世界の亀山」としてテレビの生産が有名です。

亀山はシャープの工場ができて発展したよ！

すごい！

伊勢神宮！

天照大御神をまつり、2000年以上のれきしをもちます。江戸時代から「一生に一度はお伊勢まいり」と、多くの人がおとずれ、観光業がとても発展しました。

全国約8万の神社のトップ！

すごい！

林業！

南部の尾鷲市やそのまわりは、台風の通り道になっていて、雨が多いことで有名です。そのため、ヒノキを中心にたくさんの木が育ち、林業がさかんになりました。

とくに尾鷲ヒノキで知られています！

三重県の
なぜ？どうして？

？ 名古屋市とつながりが強いのはなぜ？

とくに北部は多くの人口をかかえる名古屋市に近く、同じ濃尾平野、中京工業地帯のなかにあります。そのため、経済や産業で「中京圏」として一体化しています。

名古屋市を中心に、だいたい80から100キロメートルぐらいのエリアをいうよ！

？ 英虞湾で養殖漁業がさかんな理由は？

リアス海岸がつづく志摩半島の英虞湾では、真珠やノリ、カキなどの養殖漁業がさかんです。入り江で流れがおだやかで、エサとなるプランクトンが多いからです。

真珠はアコヤガイという貝からとれるよ！

？ 伊賀の忍者が有名なのはどうして？

伊賀市は忍者の里として有名です。山にかこまれ、目立たずに技術を育めたうえ、名古屋から大阪や京都からも近かったので、たくさん活やくできました。

強い大名にかこまれているけど、伊賀自体には大名がいなかったから、自由に動けたんだ！

三重県あるある
近畿地方にも近いので、東海地方と近畿地方の言葉や文化がまざっているよ！

四大公害病 四日市ぜんそく

四日市市は工業が発展したかわりに、公害も問題になりました。
今ではその反省をもとに、環境を大切にしています。

とにかく工業を さかんにしよう

四日市市に石油化学コンビナートができたのは、1960年ごろ。当時はまけた戦争からふっかつしようと、少しぐらい人のくらしにえいきょうがあっても、とにかく工業を強くしようという時代でした。そのため、工場から出るよごれたけむりで、多くの人がぜんそくに苦しむことになりました。

きれいにしてから
外に出すよ!

きれいな
空気に!

きれいな
水に!

日本の
四大公害病の
ひとつといわれて
いるよ

グホッ

ゴボッ

今では反省して 産業と人のくらしを両立!

やがて人びとはそれではいけないと気づきました。そうして、けむりはきれいにしてから工場から出すなど、産業と人のくらしが両立できる決まりをつくりました。今では技術も進化して、公害のないきれいなまちづくりが進んでいます。

環境について知ろう!

未来の 車をつくる 鈴鹿サーキット

鈴鹿市にある鈴鹿サーキットは、日本ではじめての世界的な車やバイクのレースのコースです。それだけでなく、新しいエンジンの開発や、地球にやさしい電気自動車などの研究がおこなわれています。

近畿

1300年以上前の大昔から、今の首都にあたる「都」がおかれ、
150年ほど前の明治時代に、首都が東京にうつるまで、
京都や奈良をはじめ、近畿地方は長く日本の中心地でした。
今でも西日本の中心として、商業や工業がさかんです。

北と真ん中と南で大きく変わる！

日本海側の北部、瀬戸内海の中央部、太平洋側の南部で気候がちがいます。

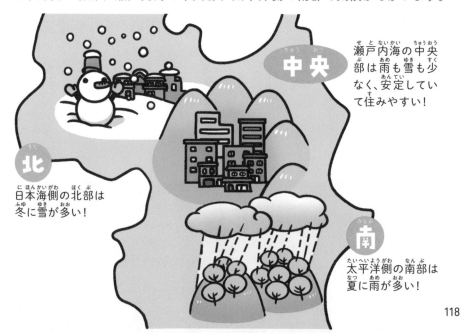

中央
瀬戸内海の中央部は雨も雪も少なく、安定していて住みやすい！

北
日本海側の北部は冬に雪が多い！

南
太平洋側の南部は夏に雨が多い！

2つの盆地から
れきしがはじまった！

今から1000年以上前の昔は京都盆地と奈良盆地を中心にまちが発展しました。都がおかれた奈良や京都は、今もたくさんの古いお寺やたてものがのこっています。

日本一大きな湖！
琵琶湖

滋賀県の約6分の1をしめる琵琶湖は、日本一大きな湖です。その水は飲み水や、農業や工業のために生かされています。

京都や奈良は
天皇が住む都だったよ

日本海

若狭湾

琵琶湖

近江盆地

中国山地

京都

丹波高地

兵庫

京都盆地

滋賀

播磨平野

大阪平野

大阪

瀬戸内海

淀川

奈良盆地

三重

大阪湾

淡路島

林業がさかんな南部

南部には紀伊山地があり、雨が多くて木がよく育つので林業がさかんです。奈良県の吉野杉がとくに有名です。

紀ノ川

奈良

紀伊山地

和歌山

和歌山県は
「木の国」と
よばれているよ

紀伊半島

太平洋

三重県（P114）が
近畿地方に
ふくまれることも
あるよ

近畿
まず知っておきたいポイント！

人やものの行き来が多かったから、商業が発展したよ

おおきに〜

近畿地方では、ものを売り買いしてお金をかせぐ商業が発展しました。とくに古くから日本の商業の中心地としてさかえた大阪、近江商人で知られる滋賀が有名です。

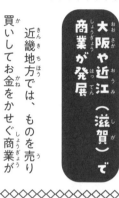

中小の工場が多いこともとくちょう！

日本の三大工業地帯のひとつで、戦前はせんい工業が中心でした。今は海ぞいに大きな石油化学の工場、内陸部には日用品などをつくる中小工場が集まっています。

漁業と生活が一体になった、京都府北部の伊根集落

それぞれの海でとれるものや漁業の方法がかわります。日本海では若狭湾のサバ、瀬戸内海では明石のタコ、太平洋の和歌山県太地町はクジラのまちとして有名です。

120

どうなる!? 近畿

近畿地方をささえる 琵琶湖と淀川！

日本一大きな湖、琵琶湖。そして琵琶湖から流れ出て滋賀県では瀬田川、京都府では宇治川と名前をかえながら、大阪府で海に出る淀川。この2つが、近畿地方をささえています。

淀川のおかげで商業が発達！

人やものを運ぶ役目の中心は長い間、船でした。大阪は都があった京都と淀川でつながっていて、さらに海ともつながっていたので、人やものの行き来がさかんになり、ものを売り買いする商人のまちとなったのでした。

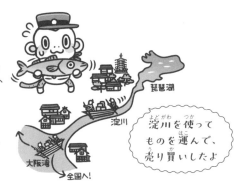

琵琶湖

淀川

大阪湾

全国へ!

淀川を使ってものを運んで、売り買いしたよ

湖をよごす洗ざいではなく石けんを使うようによびかけているよ

近畿の人の生活は琵琶湖にかかっている！

琵琶湖の水は生活はもちろん農業や工業にも使われ、「近畿の水がめ」とよばれています。よごれた水が流れこみ、問題になった時代もありました。琵琶湖の水が使えなくなったら大変なので今は大切にされています。

近畿？ 関西？ 関東地方のすぐとなりだった時代も!?

関西 ←——→ 関東

ようこそ関西へ〜

え？もう？

箱根の関所

近畿地方は「関西地方」とよばれることも多いですが、「関西」は関東側がつけた呼び方です。江戸の「関所」の「西」という意味で、その場所は時代によってちがいます。箱根の関所の西はすべて関西だったときもあります。

大阪府

広い平野や大きな川のおかげで
たくさんの人や産業が集まった！

日本で人口が3番目に多い、西日本の政治や経済の中心地です。おだやかな瀬戸内海ぞいに広がる大阪平野や、都があった京都方面から流れてくる淀川によって、大きく発展することができました。

大阪市は東の東京とならぶ大都市で、とくに商業が発展。石油化学や機械工業が中心の阪神工業地帯をはじめ、ほかの産業も発達しています。

大阪湾

うめ立て地がつづく阪神工業地帯の中心で、南には関西国際空港があります。

大阪平野

北と南と東を山、西を海にかこまれた広い平野で、工業や農業が発達しました。

生駒山地

奈良県との間にそびえ、大阪湾からのしめった風がぶつかり、きりが出ることも。

吹田市
枚方市
門真市
生駒山地
淀川
大阪市
大阪港
堺市
大阪湾
瀬戸内海
大阪平野
関西国際空港
岸和田市

県庁所在地
大阪市

面積
**1905平方
キロメートル**

人口
878万人
（2022年）

大阪府のここがすごい！

すごい！

西日本の中心！

大阪は西日本の政治・経済・文化の中心です。大阪平野は山と海、琵琶湖から流れる淀川が交わる場所で、人やものが集まったため、とても大きく発展しました。

広い平野で農業もたくさんできたから、人がたくさんふえたよ

すごい！

淀川！

大阪がさかえたのは淀川のおかげ！　昔から川を使って多くの人やものが京都と行き来し、ゆたかな水が大阪平野の農業や工業の発達に役立ちました。

すごい！

商業！

川や港があり、人も多く集まったため、大阪は商業のまちとして発展しました。京都だけでなく船で江戸（東京）ともつながり、「天下の台所」とよばれてにぎわいました。

大阪府 の
なぜ？どうして？

松下幸之助

？ 阪神工業地帯に中小工場が多いのはなぜ？

もともと人口が多く、たくさん使われる日用品など小さなものを作る工場が多くありました。さらに、個人や家族経営も多く、中小工場の割合が高くなりました。

> パナソニックのように、個人から日本を代表する会社になった工場もあるよ！

？ 川でさかえた大阪。淀川のほかにもある？

淀川だけでなく、大阪平野にはまわりの山から流れこむ川や、「運河」という人がほった川もありました。それらを使って船で行き来できたことが、大阪の発展に大きく役立ちました。

> 瀬戸内海から太平洋にもつながっていたのがよかったんだ！

琵琶湖

瀬戸内海 → 太平洋へ！

？ たこ焼きが有名な理由は？

大阪湾では昔からタコがとれ、とても身近な食材でした。このタコと小麦粉を使って安く作れるたこ焼きが、おやつとして大人気になりました。

> お好み焼きも有名だよ！

大阪府あるある

マクドナルドのことを「マック」ではなく、「マクド」というよ。

大阪がこんなに
さかえたわけ

もともと水運や貿易が発達していたうえ、豊臣秀吉が城をつくり、
江戸時代にさらにさかえていきました。

豊臣秀吉によって
大坂は日本の中心に!

武将の豊臣秀吉は、約400年前に大坂に城をたてました。すると、それまでも水運や貿易でさかえていた大坂はさらに発展しました。天下統一をはたした秀吉が住み、日本の政治と経済の中心地とさだめたからです。

集まった米や
農産物のそう庫や
売る場所を、
「蔵屋敷」というよ!

江戸時代に入ると
商業のまちに!

その後、江戸時代になり政治の中心が江戸（東京）にうつってからも、大坂は商業のまちとして発展をつづけ、「天下の台所」とよばれました。全国から米や農産物などがいったん大坂に集まり、売り買いされ、江戸などに運ばれていったからです。

明治時代の
はじめまでは
「大坂」といったよ!

風土について知ろう!

商人たちが
お笑い文化を
生んだ!?

ものを売る商人たちにとって大切なのは、お客さんとのコミュニケーション。おもしろい話をしたり、相手とかけあったりと、言葉のやりとりを楽しむ文化が育まれました。それが大阪の人たちのお笑い好きや、ボケやツッコミなどのお笑い文化につながったといわれています。

京都府

都があった南部はもちろん
北部にもみりょくがいっぱい！

大きく南部と中央部、北部に分けられ、南部の京都盆地は約1000年もの間、日本の都がおかれていました。中央部には丹波高地があり、ここをさかいに南と北で大きく気候が分かれます。夏は暑く冬は寒く、雨や雪の多い気候。豊かな自然が広がり、日本海での漁業や、天橋立など丹後半島の観光業も有名です。北部にくらべ、北部は雪が少ない南部は雪が多い気候。

日本海

丹後半島
伊根町
伊根湾
若狭湾
宮津湾
宮津市
丹後山地
舞鶴湾
舞鶴市
福知山盆地
福知山市
由良川
丹波高地
桂川
亀岡盆地
京都市 ◎
亀岡市
京都盆地
宇治川
宇治市
木津川

丹後半島
若狭湾の西部につき出た半島で、天橋立や温泉などの観光や漁業がさかんです。

宇治川
琵琶湖から流れ出て京都盆地を通り、大阪府に入ると淀川へと名前をかえます。

京都盆地
長く都がおかれた理由には、盆地ならではの気候や地形もありました。琵琶湖が近くてすごしやすい！

県庁所在地
京都市
面積
4612平方
キロメートル
人口
255万人
（2022年）

126

京都府のここがすごい！

古都！

京都市は平安時代から江戸時代まで都がおかれた、れきしのまち。古いたてものや伝統的な文化、工芸品が今もたくさん残り、多くの人がおとずれます。

平等院鳳凰堂は10円玉の裏にもえがかれているよ

寺社！

多くの古いたてもののなかでも、とくに有名なのがお寺や神社。京都市の清水寺や宇治市の平等院鳳凰堂など、世界遺産の寺社もたくさんあります。

まちなみ！

古都・京都のまちはたてと横に、きれいに道路が整えられています。また、まちなみを守るため、たてものやかんばんのデザインなどに細かなルールがあります。

囲碁の碁盤の目のようといわれているよ

京都府の
なぜ？どうして？

？ お茶作りが さかんな理由は？

約800年前に栽培が始まったとされているよ

宇治市は宇治茶で有名です。太陽がよくあたってあたたかい南向きの斜面が、茶作りに合っていたからです。また、都で茶道が発達したことも理由です。

千利休

わたしが発展させました

？ 有名な観光地 「天橋立」とは？

宮津市の天橋立は、またの間から見る「またのぞき」で有名な日本三景のひとつです。またからのぞくと天にかかる橋のように見えます。京都の中心部や大阪から近いことから、手ごろな観光地として発展しました。

龍が天にまっているようにも！

？ 「伊根の舟屋」って なに？

丹後半島の伊根町は漁業のまち、海と生活が一体化したまちとして有名です。海にそって「舟屋」という家が立ち並ぶ様子は、とてもめずらしく、きちょうです。

舟屋は1階が船おき場、2階が仕事場などに使われるよ

京都府あるある
宇治市には、水道のじゃ口からお茶が出てくる小学校があるよ。

どうして
こうなった
!?

京都が都に
えらばれた理由

なぜ京都が都にえらばれたかの理由は、地形と気候にあります。
そして碁盤の目のようなまちは、中国を手本につくられました。

盆地の気候や地形が
都をつくるのにぴったり!

今の京都市に平安京がつくられたのは、1200年以上前。雨や雪が少なく、平地が多い盆地の気候や地形が、新しくまちをつくりやすかったのでえらばれました。さらに、盆地は山にかこまれているので、守りをかためやすかったことも理由です。

「なにかを信じる」文化が
大切にされていたよ

山の神!
北
道の神!
西
東
川の神!
湖や海の神!
南

気候がよくて
守りやすいから
ここにしよう

中国のまちを
手本につくった!

平安京は、そのころ日本より文明が進んでいた中国の都を手本につくられました。たて横にきれいに道路を整えるまちづくりは、中国でもたくさん見られます。また、東西南北を神様に守ってもらう「風水」の考え方も取り入れられています。

地名について知ろう!

京都の住所は
上ル!
下ル!

↑上ル
←西入ル 東入ル→
↓下ル

京都の家やお店などの場所をしめす住所は、とてもかわっています。東西・南北で交わる大きな2つの道の名前と、「上ル、下ル、東入ル、西入ル」などが使われます。「上ル」は北へ、「下ル」は南へを指し、大きな道の交差点からどちらに行けばたどり着くかで、表されています。

奈良県

北部に多くの人が住み 山がちな南部は林業がさかん

日本ではじめて都がおかれたのが、奈良県です。それもきしはなんと、1300年以上前！ このため当時のくらしがわかる遺跡や古い寺が多く残り、世界遺産となっています。

北部の奈良盆地に県民のほとんどが住んでいて、大阪や京都へのベッドタウンにもなっています。吉野川の南は山地で、吉野杉をはじめ林業がさかんです。

奈良盆地

盆地の強みを利用して、橿原市の藤原京や、奈良市の平城京の都がおかれました。

吉野山

県の中央にある世界遺産の山。約3万本が花を咲かせる、古くからの桜の名所です。

生駒市
生駒山
奈良市
天理市
奈良盆地
金剛山地
橿原市
高見山地
吉野町
吉野川
吉野山
紀伊山地
十津川
大台ケ原山
十津川村

大台ケ原山

鹿児島県の屋久島とならんで、日本一雨が多い地いきとして知られています。

県庁所在地
奈良市
面積
3691平方キロメートル
人口
131万人
（2022年）

奈良県のここがすごい！

藤原京と平城京！

奈良盆地には694年に都がおかれた藤原京、710年に都をうつした平城京があります。どちらも京都の平安京より前なので、より古いれきしをほこっています。

平城京の第一次大極殿では、国の大切な式典がおこなわれていたよ

古墳！

藤原京がおかれるさらに前は、豪族がおさめていました。かれらのとても大きな墓は古墳とよばれます。強い豪族がいた奈良県には、多くの古墳が残っています。

古墳は大きすぎて、飛行機から見ないと全体がわからない！

有名な寺もたくさん！

今ものこる世界でもっとも大きい仏像がある東大寺、木のたてものでは世界でもっとも古い法隆寺など。山の中に修行のための寺があるのもとくちょうです。

法隆寺は1400年以上前にたてられたといわれているよ

奈良県の なぜ？どうして？

？ 北部に人が 多い理由は？

奈良県の多くは山がちで、人が住みやすい広い平地は北部の奈良盆地が中心です。さらに、北部は大阪や京都にも近いので、ベッドタウンにもなっています。

大阪まで生駒山地をこえればすぐ！中心部へも電車で1時間かからないよ

生駒山地

大阪　　　奈良盆地

？ 吉野杉が有名なのは どうして？

大台ケ原山をはじめ紀伊山地は雨が多く、木がとても育ちやすい気候と地形でした。さらに、吉野の杉はまっすぐにのびることなどから、質がよいとされています。

たるやたてものに多く使われているよ

？ 宗教都市って なに？

天理市は天理教という宗教の本部を中心としたまちづくりがおこなわれました。このようなまちを宗教都市といい、世界には多くあります。

天理教教会本部

日本では天理市だけともいわれているよ

奈良県あるある
奈良公園にいる野生のシカが公園を出て、ふつうにまちを歩いていることも。

世界遺産にもなった
紀伊山地の山岳信仰の場

長いれきしをほこる奈良県には、3つも世界遺産があります。
そのひとつが紀伊山地の山岳信仰の場で、古くから発展しました。

吉野山から入る
紀伊山地で修行!

日本には神が山にあると考える山岳信仰があり、とくに古いれきしをもつのが紀伊山地です。けわしい山道を歩くことで心と体がきたえられるとされ、吉野山から紀伊山地の深い山に入る人たちがいました。この修行は「修験道」とよばれます。

大変だけど、
心があらわれる!

山の中ほどには、
修行の中心の
「金峯山寺」があるよ

今もたくさんの人の
心のよりどころに!

吉野から入る修行の道は「熊野古道」とよばれました。吉野から熊野まで120キロメートルにわたる山道を1週間以上かけて歩く修行もあり、今でも多くの人が修行をしています。また吉野は桜や杉の名所のため、観光でも人気です。

交通について知ろう!

日本で
いちばん
長いバス!

奈良交通の八木新宮特急バスは、高速道路を使わない日本一長いバスとして知られています。橿原市の近鉄大和八木駅をスタートして、十津川村を通り、和歌山県の新宮市まで、熊野古道にそって走りぬけます。約170キロメートル、168ものバス停があり、なんと6時間30分もかかります。

滋賀県

滋賀県といえば琵琶湖です。県の中央にある琵琶湖は、県の面積の約6分の1をしめています。漁業や観光業など、県の産業の中心でもあります。

琵琶湖は日本海と瀬戸内海、太平洋をむすび、船で人やものを運ぶ大きな役わりをもちました。また、関ケ原も東西をむすぶ、交通の大切な場所です。北部と東部を中心に、山がちで冬は雪も多いです。

瀬田川

琵琶湖から流れ出て、京都府宇治川、大阪府の淀川と名をかえ、大阪前湾にそそぎます。

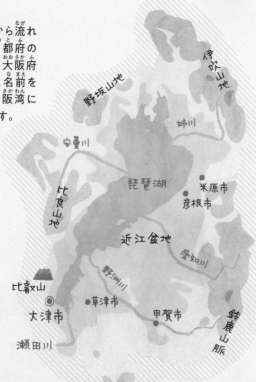

琵琶湖

日本一広い湖。約670平方キロメートルと、東京23区がすっぽり入るほどの大きさです。

近江盆地

琵琶湖の南東側に広がる大きな盆地で、米作りなどの農業がさかんです。

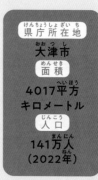

県庁所在地
大津市
面積
4017平方キロメートル
人口
141万人
（2022年）

滋賀県のここがすごい！

すごい！

琵琶湖！

約400万年前からあり、日本でもっとも古い湖でもあります。湖最大のビワコオオナマズが大切にされています。小島もあり、ここにしかいない生き物も多く、文化的にも生物的にも大切な存在です。

すごい！

ふなずし！

においがすごい！

琵琶湖でしかとれないニゴロブナという魚を使ったふなずしは、強いにおいで有名です。長く食べられる保存食として、1000年以上前から受けつがれてきました。

すごい！

比叡山！

山全体がまるまる延暦寺というお寺になっていて、山岳信仰の長いれきしがあります。織田信長にさからったことで、焼きはらわれた事件も有名です。

当時お寺は大きな力をもっていて、その力をうばうことは天下統一のポイントだったんだ

滋賀県の なぜ？どうして？

？ 琵琶湖の交通はなぜ大事？

琵琶湖から流れ出る川は、瀬戸内海から太平洋までつづきます。このため琵琶湖は水の交通の中心となって人やものが行き来し、商業もさかんになりました。

湖や川の近くは平たんになるので、水の交通だけでなく陸の交通もさかえたよ

？ 関ケ原が東西交通のかなめなのはなぜ？

近畿地方と東海地方は、高い山に東西をさえぎられています。岐阜県とつながる関ケ原はちょうど東西のさかいめで、山と山の間の谷に道路や鉄道が集まっています。

東と西に分かれてたたかった「関ケ原の戦い」でも有名！

？ 近江商人ってなに？

滋賀は昔「近江」とよばれ、琵琶湖から京都まで船でつながっていたことから、商業がさかんになりました。はたらく人は「近江商人」とよばれ、大阪商人とならぶ力をもっていました。

今でも滋賀県出身の社長さんは多いよ！

滋賀県あるある
琵琶湖は湖だけど砂浜もあって、多くの人が湖で泳ぐ「湖水浴」を楽しむよ。

琵琶湖は小さくなったり
大きくなったり!?

琵琶湖は、少しずつ小さくなったり、大きくなったりしています。
その理由は、2つの力がはたらいているからです。

流れこむたくさんの川が
土やすなを運んで小さくなる

湖はだんだん小さくなり、やがてなくなるのがふつうです。湖には川が流れこみ、土やすなが運ばれてつもって、湖をうめてしまうのです。琵琶湖には100以上の川が流れこんでいるため、どんどん小さくなっています。

じしんでしずんだ分、
大きくなった!

琵琶湖が
できた理由も
同じように地形が
しずんだからだよ

この分、
小さくなった!

琵琶湖は
約400万年前からあって、
ここまで古い湖は
世界でもめずらしいよ

それでもなくならないのは
大きくもなっているから!

しかし琵琶湖はたまに一気に大きくなります。その理由は、数百年から数千年に一度おこる大じしんです。じしんで湖の底がしずみ、湖全体が広がるのです。だから琵琶湖は、土やすなで小さくなってもなくならずにすんでいます。

風土について知ろう!

近江商人が
大切にした
「三方よし」

昔、近江商人たちは「三方よし」という考え方をもっていました。「売り手、買い手、社会の3つがよくなることが、商売のきほん」という考え方です。今でも受けつがれ、滋賀県はボランティア活動する人がとても多いといわれています。

ほとんどを紀伊山地がしめる「木の国」

和歌山県

あたたかくて雨が多く
林業や農業がさかん！

県のほとんどを山地や森林がしめ、林業がとてもさかんです。昔は「紀伊国」とよばれていたことから、今は「木の国」ともよばれています。

太平洋側のあたたかい気候を生かして、ミカンやウメなどの農業もさかん。南部は、台風の通り道としても有名です。

また、太地町のクジラをはじめ、太平洋での漁業もとても知られています。

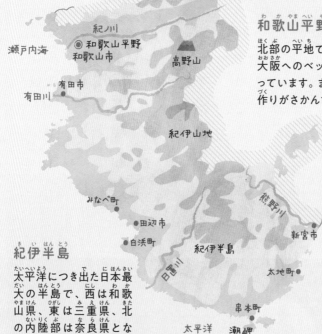

和歌山平野

北部の平地で人口が多く、大阪へのベッドタウンになっています。また、フルーツ作りがさかんです。

潮岬

本州でもっとも南にある岬で、台風情報によく出てくることでも知られています。

県庁所在地
和歌山市

面積
4725平方キロメートル

人口
90万人
（2022年）

紀伊半島

太平洋につき出た日本最大の半島で、西は和歌山県、東は三重県、南の白浜は美しいビーチで有名！山県、北は奈良県の内陸部となっています。

和歌山県のここがすごい!

ミカン1位!

和歌山平野の紀ノ川や有田川のまわりは、有田市を中心にミカンの生産量日本一※。あたたかい気候を利用して、太陽のよく当たる山の斜面で作られています。

※2021年

カキの生産量も日本一※だよ!

林業!

「木の国」といわれるだけあって、紀伊山地での林業は、県を代表する産業です。雨が多くあたたかな気候で木がよく育つので、昔から林業がさかんでした。

熊野古道!

奈良県吉野からつづく道で、世界遺産。和歌山県側には北部の高野山と南部の熊野三山があります。仏教や修験道の修行の場で、有名な観光地にもなっています。

和歌山県（わかやまけん）の
なぜ？どうして？

？ 梅ぼしも有名なのはなぜ？

ミカンと同じように、あたたかい気候を利用して作られるのがウメです。みなべ町と田辺市でとくに多く作られ、梅ぼしの生産量は60年近くずっと日本一です。

水はけのよさもさかんになった理由！

？ 太地町（たいじちょう）がクジラのまちなのはどうして？

南部の太地町は、日本のクジラ漁が始まった場所として有名です。山が多く農業がむずかしかったため、古くからクジラやイルカをとって食料としてきました。

今でもクジラやイルカが近くで見られてクジラの博物館もあるよ！

？ 潮岬（しおのみさき）と外国の船の関係って？

本州でもっとも南にある潮岬は、太平洋で事故をおこした船が多く流れつく場所でした。日本に外国の船が多くおとずれるようになると、たくさんの外国人も助けられました。

約130年前のトルコ船の事故のときには、トルコからとても感謝されたよ

※2021年

和歌山県（わかやまけん）あるある

ケチャップが大好き！ 和歌山市はひとりあたりのケチャップを使う量が日本一※だよ。

紀伊半島で雨が多い理由

とても雨が多い紀伊半島。その理由には、太平洋と紀伊山地、そして毎年のようにやってくる台風がかかわっています。

太平洋からの季節風が紀伊山地にぶつかる！

太平洋から流れこむ夏の季節風は、海のしめった空気をたくさん運んで、紀伊山地の高い山にぶつかります。そうして、しめった空気は紀伊山地に多くの雨をふらせます。

雨のおかげでとても自然がゆたかな地いきだよ

太平洋高気圧

太平洋高気圧のふちを通る台風の通り道に！

さらに、夏から秋にかけての台風の通り道としても有名。夏になると太平洋高気圧という重い空気のかたまりができて、台風はそこを通れないため、まわりにそって動きます。その通り道がちょうど紀伊半島にかかることが多くなるのです。

141

兵庫県

南は大都市、北は自然がいっぱい！

南と北でとくちょうがかわる
バラエティーゆたかな県

南は瀬戸内海、北は日本海に面して、中央の中国山地で気候や産業が大きく分かれています。約150万人が住む神戸市をはじめ南部は人口が多く、とくに南東部は大阪とのつながりも強い大都市エリアです。北部はゆたかな自然が広がり、カニなど日本海の漁業も有名です。工業は南東部が阪神工業地帯の一部として、重工業が発達しています。

日本海

香美町

豊岡市

神鍋高原

豊岡盆地

中国山地

円山川

丹波市

篠山盆地

市川

加古川

揖保川

姫路市

播磨平野

西宮市

尼崎市

明石市

神戸市

明石海峡

瀬戸内海

淡路島

大阪湾

淡路島

神鍋高原

北部に広がる自然ゆたかな高原で、高原野菜のキャベツと但馬牛が有名です。

淡路島

瀬戸内海でいちばん大きな島で、大都市との近さを生かした近郊農業がさかんです。

明石海峡

本州から淡路島を通って四国へとつながる、明石海峡大橋がかかっています。

県庁所在地
神戸市

面積
8401平方
キロメートル

人口
540万人
（2022年）

142

兵庫県のここがすごい！

すごい！

港町・神戸！

神戸港は日本を代表する港のひとつ。ここを中心にさかえたまちが神戸市です。約1000年前に中国との貿易の中心地となり、明治時代から、国際貿易港としてさかえました。

明治時代の洋館が今も残っているよ！

すごい！

重工業！

大阪湾にそって発達した阪神工業地帯の一部があります。中小工場中心の大阪とくらべ、神戸側は鉄など金属工業や機械工業、化学工業をはじめ、重工業が発展しました。

すごい！

淡路島！

瀬戸内海一の大きさをほこり、明石市と四国の徳島県鳴門市とつながっています。神戸市や大阪市までも高速道路ですぐのため、タマネギなどの近郊農業が発展しました。

あたたかい気候で、一年中野菜がとれるよ！

兵庫県 の
なぜ？どうして？

? 日本海側でカニが 知られているのはなぜ？

北陸地方や中国地方の日本海側と同じように、兵庫県の日本海側もカニが有名です。とくに香美町であがるベニズワイガニは香住ガニとよばれ、おいしいとされています。

イカやエビも有名だよ

? 但馬牛はどうして とくべつ？

神戸牛や松阪牛など、日本の高級ブランド牛はみんな但馬牛からはじまりました。明治時代に肉牛が食べられるようになると、品種改良がふえて黒毛和牛は絶滅の危機に。でも神鍋高原の山奥に、但馬牛4頭だけが生き残っていたのです。

全国の黒毛和牛の99.9％が、たった1頭の但馬牛「田尻号」の子孫なんだ！

? 六甲山と有馬温泉が 有名な理由は？

六甲山は神戸市などの都市部からとても近い場所にあるため、身近な観光地になりました。さらに有馬温泉もすぐ近くにあり、2つセットで多くの人がおとずれます。

六甲山山頂までロープウェーでたったの12分！

兵庫県あるある

神戸市の小学校や中学校は、ほとんど土足！ 上ばきをはかないよ。

港町・神戸は
こうしてさかえた

日本を代表する五大港として、世界に通じる神戸港。
この港を中心に、神戸はおおいにさかえました。

あまり奥だとだめ!
大阪より神戸に大きな港を!

近畿地方の最大都市といえば大阪です。
しかし、大阪港は大阪湾の奥にあり、
世界中から大きな船がやってくる大きな
港をつくるには、湾の奥にありすぎまし
た。そのため、大阪からも近く、湾の
少し外側にある神戸港を、大きな港に
したのです。

大都市近くに港町が
発展するのは、
横浜も同じだよ!

神戸のように
大都市とつながった港を
「外港」というよ

大阪は奥すぎて
入りづらい!

港を中心に
産業や文化が発展!

明治時代に神戸港が大きくなると、外
国からたくさんの文化が入ってきました。
それらは洋食やおかし、洋館など、今
も神戸の有名なものとして残っています。
さらに、港がさかえるとそのまわりの海
もうめ立てられ、たくさん工場ができて
工業も発展しました。

都市について知ろう!

時間を決める
子午線のまち
明石市

日本が昼のときブラジルは夜であるように、
世界の国ではそれぞれ時間がちがいます。
地球上の北(子)と南(午)をむすぶ線(経
線)のことを子午線といい、基本は15度ごと
に1時間ずつ時間が変わります。日本の基準
の子午線の東経135度は、明石市に通って
います。

3つの海にまたがるエリア

中国・四国

冬に雪が多い日本海側、一年中雨が少なく晴れの日が多い瀬戸内海、
夏に雨が多い太平洋側と、3つの気候に分けられます。
中国地方は北部と南部に分けられ、
中国南部と四国北部を合わせて瀬戸内地方とよぶこともあります。

2つのエリアをむすびつける瀬戸内海！

昔は船、今は橋を中心に人やものが行き来して、産業がさかんになりました。

中国

大阪と関係が強くて、産業や経済を中心につながっているよ！

中国地方南部と四国地方北部に、瀬戸内工業地域が広がっています。

四国

南北の交通も整備されているよ！

おだやかな海を生かして養殖漁業がおこなわれ、フルーツ作りなど農業もさかんです。

瀬戸内海ぞいに人口が集中

交通が発達し、平野も多い瀬戸内海ぞいに人口が集中しています。一方、山間部を中心に、過疎化が問題になっています。

鳥取、島根、高知、徳島は、人口が少ない都道府県の1位から4位をしめているよ

気候を分ける高い山地

東西につらぬく中国山地と四国山地が、日本海側、瀬戸内、太平洋側と、気候を大きく3つに分けています。

昔から山をこえる南北の行き来が大変で、文化も東西に広がっていったんだ

日本海

鳥取　　　　　鳥取平野

島根　　　　中国山地　　　　　　　　中国地方

岡山

広島　　　　　　　岡山平野　　　　　小豆島

広島平野　　　　瀬戸大橋　　　讃岐平野

山口　　　瀬戸内しまなみ海道　瀬戸内海　香川　　大鳴門橋

四国山地　　　　　　徳島

愛媛　　　　　　高知平野　　　四国地方

高知

太平洋

4番目に大きい島！四国

四国は日本で4番目に大きい島です。昔4つの国があったことから四国とよばれ、今も4つの県でなりたっています。

1988年に瀬戸大橋ができて、本州とむすばれたよ

147

中国・四国
まず知っておきたいポイント！

日本海側の鳥取県は、ナシ作りがさかん！

瀬戸内地域は雨が少なくあたたかい気候を生かして、フルーツ作りがさかんです。小豆島ではオリーブが育てられ、実を塩づけにしたり、油の原料にしたりしています。

境港の水あげ量は全国3位※だよ

※2023年

日本海側はカニやブリがよく知られ、境港が有名です。瀬戸内海はカキや真珠、タイなどの養殖漁業がとくちょう。太平洋側はカツオの一本づりが知られています。

もともとは造船業がさかんだったんだ！

岡山、広島、山口、香川、愛媛の5県にまたがる瀬戸内工業地域は、石油化学工業の多さがとくちょう。倉敷市水島地区の石油化学コンビナートがとくに有名です。

どうなる！？ 中国・四国

東西の交通 南北の交通

中国・四国地方は中国山地と四国山地、瀬戸内海が東西に通っています。
2つの山地は人やものの南北の行き来をむずかしくしました。
一方、瀬戸内海のおかげで、東西の行き来はとても活発になりました。

船の安全を守るかわりに通行料をとる、強い水軍もいたよ

瀬戸内海は古くから 大切な海上交通ルート

波がおだやかで、なにかあったときにすぐ立ちよれる島が多い瀬戸内海は、船にとってとても通行しやすい海でした。さらに、長く日本の中心だった京都や大阪へもつながっていて、昔から多くの船が行き来していました。

中国山地と四国山地が 南北をさえぎる

瀬戸内海は中国・四国地方の南北の行き来にも役立ちました。一方で、内陸部の山地はとてもけわしく、山をこえての行き来は大変でした。まず鉄道ができてべんりになり、さらに高速道路でもっとべんりになりましたが、反対に鉄道はあまり使われなくなりました。

中国地方の南北をむすぶ鉄道は、どんどん少なくなっているよ

南北交通の発達が過疎化につながる！？

すぐ帰ってこれるなら、べんりな大都市に住むねー！

高速道路でべんりになった南北交通。中国北部や四国南部から広島や大阪などに向かうバスも多く出ています。一方で、大都市に住んでもすぐに地元に帰れるようになったので、中国北部や四国南部のさらなる過疎化にもつながっています。

広島県

中国・四国地方の中心じゃけん!

工業、農業、観光業まで人口が多く産業が発展

中国・四国地方でいちばん人口が多い県。広島市は120万人近い人口があり、この地方の政治や経済、産業の中心です。

瀬戸内工業地域の中心でもあり、広島市の自動車や呉市の造船、福山市の鉄鋼などが発展。農業はレモンなどのフルーツ、漁業はカキの養殖がさかんです。

世界遺産の原爆ドームと厳島神社があり、観光業も発達しています。

広島平野

太田川の三角州(デルタ)によってできた平野で、多くの人口や産業が集まります。

中国山地

三次市

三次盆地

吉備高原

芦田川

江の川

安芸太田町

太田川

沼田川

福山平野

福山市

広島平野

尾道市

広島市

瀬戸内しまなみ海道

因島

生口島

広島湾

黒瀬川

厳島

瀬戸内海

大竹市

呉市

厳島

「安芸の宮島」とよばれる美しい島で、厳島神社は世界遺産にもえらばれています。

瀬戸内しまなみ海道

尾道市と愛媛県今治市を7本の橋でむすんだ、四国と本州をむすぶ3本目のルートです。

県庁所在地
広島市

面積
8479平方キロメートル

人口
276万人
（2022年）

150

広島県のここがすごい！

カキ1位！

広島湾を中心に養殖漁業がさかんなカキは、全国の生産量の約6割をしめます。おだやかな海と山から流れ出す栄養分で、大きくておいしいカキが育ちます。

カキいかだをうかべて育てているよ

大きな自動車工場のまわりにちいさな町工場がたくさんあるよ

重工業！

マツダがある広島市は自動車工業がさかん。自動車は多くの部品がいるので、中小の町工場もたくさんあります。福山市の鉄鋼、大竹市の石油化学コンビナートも有名です。

レモン1位！

尾道市の瀬戸田レモンなど南部の瀬戸内海の島を中心に、国産レモンの5割※が広島県で作られています。あたたかくて雨が少ない瀬戸内の気候を生かしています。

瀬戸田レモンはしまなみ海道が通る生口島で作られているよ

※2020年

広島県の なぜ？どうして？

? 呉で造船業が さかんなのはどうして？

呉は造船のまちとして有名です。もともと軍の港で、有名な軍艦「大和」も呉でつくられました。山と島にかこまれた地形が、大きな船をかくすのにすぐれていたからです。

地形が敵から船を守ってくれていたんだ！

船の交通も発達しているよ

? 路面電車が 有名な理由は？

広島市は路面電車の路線の長さ、乗客数が日本一。大都市なのに今でも路面電車がメインなのは、すなが多い地形で、地下鉄がほりづらかったからだといわれています。

全国各地で走っていた路面電車が広島に集まったよ

? 雪が多い北部は どんな町おこしを？

広島県の北部は山がちで、雪もとても多いです。過疎化を食い止めるため、教育にとても力を入れています。安芸太田町にある加計高校は、ひとりひとりに合わせた教育でたくさんの生徒にえらばれています。

わたしは広島市から！

オレは県外から！

ワタシは外国から！

約4割がこの町以外の高校生！

広島県あるある

スポーツが大好き！とくに野球の広島カープは、いつも話題の中心！

どうして こうなった!?

三角州とは？
川がつくった広島市！

広島市は市内をたくさんの川が流れています。この川が広島平野を
つくり、人が多く住み産業が発達するようになりました。

川が山から
土やすなを運んでくる!

大きな川が山から海へ流れ、たくさんの
土やすなが運ばれてたまると、やがて三
角形の平野ができます。このような地形
を「三角州」といいます。山から運ば
れた土なので栄養がほうふで、農業の
しやすい土地になります。

> 無理に土地を
> 広げたのも、災害が
> おきやすくなった
> 理由だよ

> ギリシャ文字の Δ に
> にているので、
> 「デルタ」ともよばれるよ

三角州ならではの
短所も

山から運ばれた土やすなは、だんだんけ
ずられながら運ばれてくるので、ほとん
どはくずれやすいすなの土地になります。
低い土地なので水害も多く、さらに広
島市は土地がたりなくて山を切りくずし
て広げたので、土砂くずれがおきやすく
なりました。

都道府県について知ろう！

核兵器を
のりこえた
平和のまち

広島は世界ではじめて核兵器、原子爆弾が使
われた都市です。原子爆弾によってたくさんの
人がなくなり、まちは焼け野原になりました。今
では戦争や核兵器をなくすことを願い、平和
の大切さを世界に伝える場所になりました。世
界の元首がおとずれています。

岡山県

あたたかい南部で
フルーツ作りと工業がさかん

四国や日本海側への交通のかなめで、四国とは瀬戸大橋でつながっています。南部はあたたかくて雨が少なく、北部は冬に多く雪がふります。

農業は気候を生かしたフルーツ作りがさかん。マスカットやモモがとくに有名で、昔話『桃太郎』ゆかりの県でもあります。工業はとくに倉敷市の水島コンビナートで化学工業が発達しています。

蒜山高原

北部の中国山地に広がる高原リゾート。観光のほか、酪農もとても有名です。

蒜山高原
人形峠
中国山地
真庭市
津山盆地
新見市
旭川
吉井川
吉備高原
高梁川
総社市
岡山市
岡山平野
倉敷市
瀬戸内海
玉野市
瀬戸大橋

県庁所在地

岡山市

面積

7115平方キロメートル

人口

186万人
（2022年）

瀬戸大橋

じつはひとつの橋ではなく、本州と四国をむすぶ10の橋を合わせて瀬戸大橋です。

岡山平野

瀬戸内海をうめ立てて広くなった土地で、米や野菜、フルーツ栽培がさかんです。

岡山県のここがすごい！

マスカット 1位！

国産ブドウのマスカット※の9割以上が岡山県産です。最近は日本で開発されたシャインマスカットも大人気。あたたかく晴れの日が多い気候が、栽培にぴったりです。

※マスカット・オブ・ザ・アレキサンドリア

モモやピオーネの栽培もさかん！

石油化学 コンビナート！

倉敷市水島地区は、瀬戸内工業地域を代表する大きなコンビナート。岡山県ではたらく人の約6人にひとりが、水島コンビナートではたらいている計算になります。

うめ立ててつくられた土地に、200以上の事業所が集まっているよ

ジャージー 牛乳！

高原リゾートとして知られる蒜山は、夏でもすずしい気候を利用して酪農もさかん。とても濃くておいしいことで知られる蒜山ジャージー牛乳が人気です。

約2000頭が育てられているんだ！

岡山県の
なぜ？どうして？

? 繊維工業はなぜさかんに？

岡山は繊維工業がさかんな県。学生服の約7割がつくられて、出荷が1位になっています。雨が少ない気候が水に弱い綿花の栽培に合っていたことから、古くからとても発展しました。

倉敷市はジーンズのまちとしても有名だよ

? どうしてオオサンショウウオが有名？

数千年前とかわらないすがたで生きつづけ、「生きた化石」ともよばれるオオサンショウウオ。真庭市では明治時代から大切にされ、研究がおこなわれてきました。

中国山地のゆたかな自然で、きちょうなオオサンショウウオが生きられたんだ

? 人形峠でなにが発見された？

1955年に日本で初めてウランという石が発見されました。ウランは原子力発電で使えるなどとても大きなエネルギーをもつため、多くの研究がなされています。

見学もできるよ！

日本では人形峠と岐阜県でしか取れないよ

岡山県あるある
学生服の出荷が1位だけあって、ほとんどの小学生が制服で通学するよ。

桃太郎伝説が生まれたまち

日本人ならだれもが知っている昔話『桃太郎』。
岡山はその伝説が生まれたまちとして知られています。

桃太郎の神社も鬼が住んだ城もある!

岡山市にある吉備津神社には、鬼を退治する桃太郎のもととされている人物がまつられています。さらに、となりの総社市の鬼城山には、鬼ノ城という大きなお城も立っていました。山と島のちがいこそあれ、鬼が住む鬼ヶ島のもととなったのではといわれています。

岡山駅えきには
桃太郎の銅像が
立っているよ

大和朝廷という、当時の政府にしたがわない人たちが鬼とされたよ。日本神話の出雲とのつながりもあったんだ

岡山で栽培がさかんなモモから生まれた桃太郎

大きなモモから生まれた桃太郎。モモは岡山県で古くから作られてきた作物で、約3500年前の遺跡からも発見されています。さらに、昔から鬼神をはらう力をもつとされ、魔よけの道具として使われてきたことも、鬼退治の伝説とのつながりを想像させられます。

名物について知ろう!

キビだんご?
それとも
吉備だんご?

桃太郎がイヌとサル、キジにあげてなかまになってもらうきびだんご。イネのなかまのキビという植物からできていて、岡山では古くから作られてきました。一方、「吉備」は岡山にあった昔の国の名前です。「キビでできただんご」と「吉備の国のだんご」、2つの「きび」がかかっています。

たくさんの神様がやってくる！

島根県

農業や林業、漁業など
自然のめぐみがゆたかな県

鳥取県についで2番目に人口が少ない県です。中国山地の豪雪地帯の南部をはじめ、冬に雪が多い日本海側の気候です。

県の面積の約8割が森林で、米や酪農などの農業や林業がさかん。日本海の漁業も発達していて、とくにカニやブリなどが有名です。

出雲地方は日本神話の中心として、どくとくの文化が発展してきました。

隠岐諸島

日本海

出雲大社
出雲市
島根半島
松江市
宍道湖
中海
安来市
出雲平野
斐伊川
神戸川
奥出雲町

大田市

石見高原

江津市

江の川

浜田市

中国山地

高津川

隠岐諸島
本州から約50キロメートルはなれた日本海の約180の島。人が住んでいるのは4島です。

宍道湖
海水と、川の水など塩分のない淡水がまじった「汽水湖」とよばれる湖です。

江の川
広島県の東部から江津市の日本海に流れ出る、中国地方でいちばん長い川です。

県庁所在地
松江市
面積
6708平方
キロメートル
人口
66万人
（2022年）

158

島根県のここがすごい！

神話！

約1300年前に書かれた日本でもっとも古いれきしの本が古事記です。古事記には日本のはじまりの物語がたくさん書かれていて、その神話の舞台が島根県です。

日本中の神様が集まるよ！

えんむすびの神社としても人気だよ！

出雲大社の門前町の「神門通り」

出雲大社！

古事記の物語の中心となる神社で、昔から多くの人びとがおとずれました。そのため、食事どころやみやげ店など、かれらをむかえ入れる「門前町」が発展しました。

石見銀山！

大田市にある石見銀山は、世界遺産にもえらばれている大きな鉱山のあとです。今から約400年前の江戸時代前期には、世界の銀の3分の1を産出していました。

「たたら製鉄」との関係も深いよ！

島根県の
なぜ？どうして？

❓ 宍道湖でシジミがたくさんとれるのはなぜ？

島根県のシジミの生産量は、全国の4割以上をしめ、日本一です。宍道湖は海とつながっていて、淡水と海水がまじった湖なので、川や海では生きられないシジミも大きく育ちやすいのです。

宍道湖は全国で7番目に大きい湖だよ

❓ 昔から鉄づくりがさかんなのはどうして？

奥出雲町や安来市では1000年以上前から、砂鉄を使う「たたら製鉄」が発達しました。中国山地で砂鉄がとれ、森が多く燃料となる木炭もたくさんとれたからです。

「たたら場」で砂鉄から鉄を取りだすよ

砂鉄を入れる　木炭を入れる　空気を送る

❓ 隠岐諸島の文化とは？

本州からとてもはなれているので、昔は国にさからった人などを送ってとじこめる、島流しの場所でした。京の都から身分の高い人が送られたので、小さな島で都に近い文化が発達しました。

人といっしょに文化もわたってきたんだね

島根県あるある
神楽部や神楽同好会がある高校もあるよ。

なぜ出雲に神様が集まるの？

出雲はなぜ日本神話の中心にえらばれたのでしょうか？
理由はいくつか考えられていますが、とくに有力なのが方角です。

近畿地方の北西にすべての神様が集まる！

古事記が書かれた1300年前より前の時代、日本は近畿地方を中心とした大和朝廷がおさめていました。そして、当時は北西の方角にすべての神様が集まるとしんじられていて、近畿地方からその北西の方角に、ちょうど出雲がありました。

伊勢神宮とも一直線！

出雲大社　大和朝廷　伊勢神宮

朝廷との位置関係が大事だったんだ

神無月

神在月

出雲

いらっしゃーい

全国で出雲地方だけ10月は「神在月」

そして、その神様が集まる月は毎年10月だといわれていました。みんな出雲に向かって全国から神様がいなくなるため、10月は「神無月」といわれます。しかし出雲地方では、ぎゃくに全国から神様が集まるので、「神在月」とよばれます。

名物について知ろう！

神様の県ならではの神楽！

島根県では西部の石見地方を中心に、神楽の文化が受けつがれています。神楽は日本神話をもとにしたストーリーを、活気あるたいこやふえに合わせてえんじる伝統芸能です。古くからおまつりなどでおこなわれ、神社や集落でそれぞれ神楽がちがっています。

鳥取県

鳥取砂丘も大山もある！
なにより海鮮がおいしい！

南部は中国山地が広がり、大山は中国地方でいちばん高い山です。北部は日本海に面していて、東部の日本海ぞいには、有名な鳥取砂丘が広がっています。日本海側の気候で、冬は中国山地を中心に多くの雪がふります。

産業は日本海での漁業をはじめ、農業や林業もさかん。人口がもっとも少ない都道府県で、過疎化が問題になっています。

鳥取平野

県東部の平野で、海ぞいには鳥取砂丘が広がります。米作りもとてもさかんです。

日本海

境港市
美保湾
弓ヶ浜半島
米子市
米子平野
大山
日野川
千代川
鳥取砂丘
鳥取市 ◎
鳥取平野
倉吉平野
倉吉市
天神川
中国山地

大山

高さ1729メートル。出雲神話の中にも登場する、鳥取県のシンボルのひとつです。

弓ヶ浜半島

日本最大級の「砂州」とよばれる、海につき出たような地形です。日野川から美保湾に流れ出たすなが、波や風の力で細長くつもってできました。

県庁所在地
鳥取市
面積
3507平方キロメートル
人口
54万人
（2022年）

162

鳥取県のここがすごい！

すごい！

鳥取砂丘！

東西16キロメートル、南北2.4キロメートルと、見わたすかぎり、すなと海の世界が広がります。山や川、波や風の力によって、長い年月をかけて作られました。

> ラクダもいるよ！

> たくさんの妖怪たちが出むかえてくれるよ！

すごい！

境港！

全国3位※の水あげ量をほこる、日本を代表する漁港です。『ゲゲゲの鬼太郎』の作者の水木しげる先生が生まれ育ったまちで、「水木しげるロード」もあります。

※2023年

すごい！

二十世紀梨！

全国でも有名なナシの生産地。なかでも二十世紀梨は全国の70％以上が鳥取県産です。中国山地の斜面でも栽培でき、米作りの副業としてさかんになりました。

> ナシは日本原産のくだもの。二十世紀梨は千葉県松戸市で発見され、約120年前から鳥取で多く作られるようになったよ

鳥取県の なぜ？どうして？

？ らっきょう作りが さかんな理由は？

らっきょうの生産量が日本一※。生命力がとても強いので、冬の強い風や雪にもたえられます。水が少ない砂丘でも育つため、とてもさかんになりました。

※2022年

江戸時代に江戸からとのさまが持ち帰ったといわれているよ

？ 食品工業が 発展したのはなぜ？

境港市や米子市で食品工業が発展して、県のおもな産業のひとつになっています。カニやマグロなど、境港にあがる魚介を缶づめなどに加工しているからです。

工業の発達にも漁業が関係しているんだ

？ 大山はどうして 鳥取県のシンボル？

中国地方でいちばんの高さだけでなく、山の形の美しさでも知られています。昔から神の山といわれ、1300年前に書かれた神話にも登場しています。

雪がたくさんふるので、スキー場も人気だよ！

鳥取県あるある
カニがたくさんとれるので、朝のみそ汁に入っていることもめずらしくない！

鳥取砂丘は
どうやってできた？

鳥取砂丘は雨がふらずに土地がかわいてできた砂ばくではなく、
海岸の砂地です。新潟の砂丘とともに、めずらしい場所として知られます。

山から海!
海から陸へ!

鳥取砂丘の南にある中国山地は、もともともろい岩や石が多いです。それらがくずれてすなになって、千代川で日本海へ運ばれます。一度は海の底にたまりますが、今度は風と波によって陸に打ち上げられます。それを何度もくり返して、大きな砂丘ができました。

美しい砂丘をたもつため、草とりのボランティアもおこなわれているよ

砂ばくとのちがいは雨もたくさんふることだよ

中国山地

鳥取砂丘　　千代川

日本海

ほうっておくと
砂が動いてなくなっちゃう!

しかし、風の力はそれだけでは終わりません。陸に打ち上げられたすなは軽いので、海からの風の力でさらに内陸へ、内陸へと動いていきます。そのため、たとえば砂丘の北側に風をふせぐ林をうえるなど、砂丘を守る取り組みがつづいています。

都道府県について知ろう!

過疎化問題に
地いきで
取り組む

日本一人口が少ない鳥取県では、人がへる過疎化も大きな問題です。人が少なくなっても地いきの生活を守る努力がなされています。たとえば県内を走る若桜鉄道では、車両代や燃料代を県や市、町から出すことで、鉄道がなくなることをふせいでいます。

山口県

本州の西のげんかん口！

三方をかこまれた海のめぐみに
石灰岩の台地で工業や観光業も

本州でもっとも西にある県で、西部の下関市は鉄道や道路で九州の福岡県とむすばれています。

北と西の日本海、南の瀬戸内海と、三方を海に面していて、漁業がさかん。とくに下関のフグやアンコウが有名です。

工業は石灰岩が多くとれ、セメント工業が大きく発展。秋芳洞や秋吉台など、石灰岩の台地は観光業にも役立っています。

須佐湾

約1500万年前のマグマがつくった、須佐ホルンフェルスという地形が有名です。

日本海

須佐湾

萩市

阿武川

秋吉台

中国山地

美祢市

山口市

佐波川

岩国市

錦川

下関市

守部市

関門海峡

瀬戸内海

関門海峡

本州と九州の間にあり、せまいところでは約500メートルしか幅がありません。

錦川

中国山地から瀬戸内海に流れ、下流の岩国市には有名な錦帯橋がかかっています。

県庁所在地
山口市

面積
6113平方キロメートル

人口
131万人
（2022年）

166

山口県のここがすごい!

すごい!

秋吉台と秋芳洞!

石灰岩が雨水や地下水にとけてできるよ

秋吉台は、石灰石でできた「カルスト台地」です。これだけの大きさは世界でもめずらしく、日本でもいちばん有名です。地下には石灰岩が水にとけることでできた洞くつの、秋芳洞が広がっています。

潮の流れがはやいので、身が引きしまっておいしくなるよ!

すごい!

フグ!

下関市はフグで有名。フグは日本全国でとれますが、毒があるので、専門の加工会社が集まる下関にいったん運ばれます。ここで毒をぬいて全国にとどけられます。

すごい!

セメント!

おもな原料となる石灰岩がほうふなので、宇部市を中心にセメント工業が発展。石灰岩がとれる内陸と、セメントをつくる海ぞいをむすぶ交通も発達しました。

とれた石灰岩を大きなトラックで運ぶよ!

山口県（やまぐちけん）の なぜ？どうして？

？ 関門海峡（かんもんかいきょう）は 歩（ある）いてわたれる？

関門海峡は高速道路が橋で、新幹線と山陽本線、国道2号線がトンネルでむすばれています。そのうち国道のトンネルには人道もあり、海峡を歩いてわたれます。徒歩の通行料は無料です。

エレベーターで地下（ちか）におりてから、海（うみ）の下（した）を歩（ある）くよ

？ 萩（はぎ）はどうして さかえた？

萩市は江戸時代に入って広島からやってきた、毛利氏がつくった城下町です。今も城のあとや武家屋敷、お寺や神社が残り、れきしある観光地になっています。

焼（や）き物（もの）の萩焼（はぎやき）など、伝統工芸（でんとうこうげい）もたくさん残（のこ）っているよ

？ 山口（やまぐち）がれきし上（じょう）で 大切（たいせつ）なのはなぜ？

昔は「長州」とよばれた山口県は、江戸から明治時代への日本のれきしに大きなえいきょうをおよぼしました。武士の吉田松陰が萩で「松下村塾」を開き、ここで学んだ生徒の多くが、この時代に活やくしました。

鹿児島県（かごしまけん）の「薩摩（さつま）」と長州（ちょうしゅう）で「薩長同盟（さっちょうどうめい）」を組（く）んだよ

薩摩

長州

山口県（やまぐちけん）あるある

フグのことをえんぎのよい「福（ふく）」とかけて、「フク」とよぶよ！

石灰岩がおりなす
秋吉台と秋芳洞

山口県で多くとれる石灰岩は、とても水にとけやすい岩です。
そのとくちょうから、どくとくの地形が生まれました。

雨や地下水で
台地がとける!

秋吉台では、石灰岩の地表が雨水や地下水で少しずつとけて、台地のところどころにくぼみができました。このため広い草原のあちこちに白い岩が顔を出しています。この地形ができるのに、約3億5千万年もかかったといわれています。

石灰岩は
サンゴからできるよ。
昔ここは海だったんだ!

洞くつ内は
見学もできるよ!

地下には
石灰岩の洞くつが!

秋吉台の地下にある秋芳洞も、石灰岩が雨水や地下水で少しずつとけ出されてできました。長さは10キロメートル以上。とけた石灰岩がふたたびかたまってできた百枚皿やつらら石など、神秘的な光景が広がります。

名物について知ろう!

長さ日本一の
私道!

ふつうの車は
入れない!

石灰岩がとれる内陸部の美祢市から、セメント工場がある海ぞいの宇部市まで、原料を運ぶためだけにつくられた道路が「宇部伊佐専用道路」です。長さ約30キロメートルもある道路で走れるのは、基本的に専用の大きなトラックだけ!工業だけのためにつくられた道です。

香川県

本州と瀬戸大橋でつながる
日本でいちばん小さい県

四国の北東部と瀬戸内海の島でできている県で、面積は日本の都道府県でいちばん小さいです。県の中央部から、瀬戸大橋で本州の岡山県とつながっています。

さぬきうどんで有名なうどん県。ほかに小豆島のオリーブなども有名です。工業もさかんで瀬戸内工業地域の一部として、石油化学工業や食品工業がとても発達しています。

小豆島

瀬戸内海で2番目に大きな島で、オリーブやしょうゆ、そうめんで有名です。

小豆島

直島

瀬戸大橋

瀬戸内海

坂出市

高松市

鴨部川

丸亀市

讃岐平野

善通寺市

琴平町

満濃池

讃岐山脈

財田川

満濃池

1300年以上前につくられ、1200年ほど前に僧の空海がつくり直した、日本最大級のため池です。

讃岐平野

四国でいちばん大きな平野。雨の量が少ないため、ため池がたくさんあります。

県庁所在地
高松市

面積
1877平方キロメートル

人口
93万人
（2022年）

香川県のここがすごい！

すごい！ うどん県！

香川といえばさぬきうどん！
雨が少ないので、米を作らない
冬に小麦を多く作れたこと。そ
して小豆島のしょうゆ、瀬戸内
海の塩やイリコなど、材料がそ
ろっていたことで県民食に！

> あっさりしただしと、
> コシのあるめんがとくちょう！

すごい！ 本州へのげんかん口！

> 瀬戸大橋が開通する
> 前日に、宇高連絡船は
> ほとんどの役目を
> おえたよ

瀬戸大橋は四国と本州をはじめ
てむすんだ橋。橋ができる前は、
岡山県の宇野港と高松港をむす
ぶ宇高連絡船がおもなルートで、
高松港はとてもさかえました。

すごい！ 小豆島！

生産量が全国の9割をしめ
るオリーブ、400年の伝統
をほこるしょうゆ、国内トッ
プのメーカー「かどや」
が作るごま油など、ひとつ
の島に名産がいっぱい！

> あたたかく雨が少ない
> 気候が本場の地中海と
> にていたから、オリーブが
> たくさん作られるように
> なったよ

香川県の
なぜ？どうして？

❓ 小豆島のそうめんは なぜ有名？

小豆島はそうめんも有名です。うどんと同じく小麦が多く作られていたことや、瀬戸内海で塩がとれたこと、雨が少なくかんそうにてきしていたことも理由です。

小豆島のそうめんは、ごま油をねりこむよ

❓ うちわも有名なのは どうして？

うちわは国内の約9割にあたる、年間1億本が作られています。「こんぴらさん」で知られる金刀比羅宮へのおまいりのおみやげとして、作られたのが始まりです。丸亀うちわがとくに有名！

山をのぼるときや本州へ帰る暑い船の中で役に立ったよ

❓ 直島がアートの島に なったのはなぜ？

直島は島のあちこちにオブジェや美術館がある、現代アートの島として有名です。教育関連のベネッセグループが島と協力して、アートを町おこしに役立てました。人口3000人あまりの島に、年間70万人以上※がおとずれます。

人をよんで過疎対策にも役立ったんだ！

※2019年

香川県あるある
香川県への手紙は、香川県のかわりに「うどん県」と書いてもとどくよ！

水不足とたたかった香川県のれきし

雨が少ない気候にくわえ、川が短くすぐに海に流れてしまうので、古くから水不足になやまされ、さまざまなくふうがおこなわれました。

たくさんのため池をつくった!

米づくりにかかせない水の不足は、大きな問題でした。そこではるか昔から、たくさんのため池が作られてきました。1000年以上前に僧の空海がかかわったことで有名な満濃池は、今でも日本最大級の農業用のため池です。

全部で23キロメートルもトンネル水路があるよ

県内には約1万5000のため池があるよ

讃岐山脈の地下トンネルは8キロメートル!

それでもたりない!だったらトンネルだ!

それだけのため池があっても水不足になやむ年も多かったため、大きな計画を立てます。それは、讃岐山脈の地下にトンネルを通して、となりの徳島県の吉野川から水を引きこむというものでした。3000億円以上のお金と20年以上の月日をかけ、1974年に香川用水が完成しました。

名物について知ろう!

一生に一度はこんぴらさん!

琴平町の金刀比羅宮は、「一生に一度はこんぴらさん」といわれる、とても有名な神社です。山の途中にあり、おまいりするには本宮まで785段、さらに上の奥社までは1368段もの石段をのぼります。そのためつい最近まで、客をかごに乗せてのぼる、かつぎ手とよばれる仕事もありました。

徳島県

阿波おどりと鳴門のうず潮が有名

近畿地方ともつながる平野部に人口と産業が集中

県の面積の約8割が山地で、人口は徳島平野などの東部に集中しています。東部は大鳴門橋で兵庫県の淡路島とつながり、さらに神戸や大阪などの近畿地方とも、高速道路の橋でつながっています。

阿波おどりと鳴門のうず潮が有名。農業はスダチやサツマイモが知られていて、工業はLEDをはじめ新しい産業に力を入れています。

吉野川
四国山地から東へ流れる、長さ194キロメートルと、四国で2番目に長い川です。

大鳴門橋
1985年に完成。明石海峡大橋とともに本州と四国をむすぶ2本目のルートとなっています。

徳島平野
人口が集まる県の中心。米作りのほか、近畿地方への近郊野菜作りもさかんです。

瀬戸内海　大鳴門橋　鳴門海峡
鳴門市
讃岐山脈
阿波市　徳島平野
徳島市　吉野川
三好市　紀伊水道
那賀川平野
四国山地　阿南市
那賀川

県庁所在地
徳島市
面積
4147平方キロメートル
人口
70万人
（2022年）

174

徳島県のここがすごい！

阿波おどり！

徳島に伝わる日本三大ぼんおどりのひとつ。ダイナミックなおどりがとくちょうで、東京の高円寺など県外にも広がり、大きなもり上がりを見せています。

アヤットサー！
アヤットヤット！
アヤットサー！
アヤットヤット！

400年のれきしがあるといわれているよ！

クルーズ船で見物できるんだ

鳴門のうず潮！

鳴門海峡では大きなうずをまく「うず潮」が見られます。最大で30メートルにもなり、世界最大級の大きさ。うどんなどに入れる「なると」も、ここから名づけられました。

スダチ1位！

全国のスダチのほとんどすべてが徳島県産。もともと徳島県に生えていたとされ、ミカンよりも安定してお金になることから、大きく広まりました。

鳴門の海のすなでサツマイモもよく作られるよ！

175

徳島県の
なぜ？どうして？

？ どうして最先端の LEDがつくれたの？

徳島県のLEDの生産は世界の4分の1をしめる世界一！むずかしかった青色のLEDをはじめて製品化して、企業と県、大学が協力して、大きな産業に発展させました。150以上のLED企業が集まっています。

LEDは信号やスマートフォンの光にも使われるよ！

？ 漁業がさかんな理由は？

潮の流れが急な徳島の海で育つ魚は、とても身がひきしまっています。紀伊水道でとれるイワシやマダイのほか、吉野川でもアユやウナギの漁業がおこなわれます。

吉野川のシラスウナギ漁は、夜にライトをてらしておこなうよ

？ 大歩危小歩危ってなんのこと？

けわしい四国山地は、川で山がけずられて通行しやすくなる谷ぞいに、道路や鉄道などの交通が発達しました。大歩危小歩危は四国の南北交通のかなめの場所で、美しい景色も広がり有名になりました。

大またで歩くとあぶないから大歩危、小またで歩いてもあぶないから小歩危といわれているよ

徳島県あるある
小学校の運動会や、中学や高校の体育祭でも阿波おどりをおどるよ！

鳴門のうず潮は どうしてできる？

海面にぐるぐると大きなうずをまく鳴門のうず潮。
潮のみちひきと、潮の流れがつくりだしています。

潮のみちひきの差で はげしい流れが生まれる

海には月と太陽の引力のため、水の高さがかわる潮のみちひきがあります。瀬戸内海と紀伊水道のはざまの場所にある鳴門海峡は、どくとくの地形でこのみちひきの差が大きくなり、高いところから低いところへ多くの水が流れこみます。

満潮の海から干潮の
海に一気に
流れこむんだ！

満潮と干潮が
反対になると、
潮の流れも反対になるよ！

とてもせまい鳴門海峡で うず潮が発生！

さらに四国と淡路島にはさまれた鳴門海峡は、1.3キロメートルほどしか幅がありません。せまい海峡では中央部にはやい流れ、陸地側におそい流れと2つの流れができ、その差で回転力が生まれるため、潮がうずをまき、うず潮ができるのです。

本州

瀬戸内海
満潮

淡路島

四国

紀伊水道（太平洋）
干潮

都道府県について知ろう！

近畿地方と 徳島県の 深い関係

大鳴門橋から淡路島を通り、明石海峡大橋をわたる神戸淡路鳴門自動車道を使えば、鳴門市から近畿地方へは1時間ほどで着くことができます。この道路ができる前から、徳島県は近畿地方との関係が深く、船でかんたんに行けました。そのため、言葉や文化も近畿地方に近いです。

愛媛県

工業、農業、漁業とさまざまな産業が発達！

四国地方でもっとも人口が多い県で、松山市も四国最大の都市です。瀬戸内しまなみ海道では、島づたいに道路や橋が通り、本州の広島県とむすばれています。

四国一の工業県でもあり、瀬戸内工業地域の一部として、北部の瀬戸内海側で工業が発達。ミカン作りをはじめとした農業、マダイや真珠の養殖など漁業もとてもさかんです。

豊後水道

九州と四国の間にはさまれた海で、瀬戸内海と太平洋をつないでいます。

瀬戸内しまなみ海道
来島海峡
今治市
新居浜市　四国中央市
重信川
松山平野　●松山市　石鎚山
瀬戸内海　四国山地
肱川　四国カルスト
佐田岬半島
宇和島市
豊後水道

石鎚山

高さ1982メートルで四国はもちろん、近畿地方より西の西日本でもっとも高い山です。

四国カルスト

石灰岩でできた広いカルスト台地で、日本三大カルストのひとつに数えられています。

県庁所在地
松山市
面積
5676平方キロメートル
人口
131万人（2022年）

178

すごい！

ミカン！

古くからミカンがたくさん作られ、生産量は和歌山県についで全国2位※です。晴れの日が多くあたたかい気候と、水はけがよく栄養の多い土地で、とてもさかんになりました。

※2022年

山の斜面のだんだん畑で多く作られているよ

すごい！

タオル！

雨が少ない気候を生かして、江戸時代から綿の栽培がさかん。そのため、繊維工業が発展しました。とくに今治のタオルは、とても質がよくて有名です。

5秒で完全に水をすえないと「今治タオル」を名のれないんだ

すごい！

天然も養殖も！タイ！

宇和島市ではおだやかな宇和海でタイの養殖漁業がさかん。一方で今治市の来島海峡はとても潮がはやく、身の引きしまった天然タイの産地として有名です。

養殖マダイは日本一！全国の50％以上※が愛媛県産だよ

※2021年

愛媛県 の なぜ？どうして？

？ かんきつ類の栽培が さかんな理由は？

昔から作られてきたミカンのほかにキウイフルーツや、最近はグレープフルーツの栽培もさかんです。どれもあたたかい気候が、多く作られている理由です。

キウイフルーツの生産量は全国1位※1！

※1 2022年

？ 製紙工業が さかんなのはなぜ？

四国中央市を中心に、製紙工業もさかん。1000年近く前の室町時代から、紙の原料となるコウゾやミツマタが四国山地に生えていました。紙作りに必要な水もわき水などでまかなえました。

四国中央市は紙関連の生産額が全国1位※2！

※2 2020年

？ 宇和海はどうして 養殖漁業が発展？

宇和海はリアス海岸のおだやかな海です。さらに、太平洋から黒潮のあたたかい水が流れこみます。そのため、真珠やマダイ、ハマチなど、養殖漁業がさかんです。

養殖真珠も日本2位※3！

※3 2022年

愛媛県あるある
水道のじゃ口からミカンジュースが出てくるスポットがいくつかあるよ！

四国最大の都市に松山がなった理由

県庁所在地の松山市は、約50万人がくらす四国最大の都市です。
ここまでの都市に成長した理由はなんでしょうか?

城と港がまちを大きくした!

松山は松山城を中心に大きくなった都市です。大きくなった理由のひとつが港で、海の近くとそこから水路でつながれた城の近くに、2つの港をきずきました。この2つの港を中心に船での人やものの行き来が活発になり、まちはとてもさかえました。

日本でもっとも古い
温泉とされる道後温泉!

瀬戸内海の
対岸にある広島とは、
今も船での行き来が
さかんだよ

昔の
みなと

← 広島

長いれきしをまちの発展に生かす!

れきしや伝統文化を都市の発展にうまく生かしているのもとくちょう。なかでも3000年ともいわれるれきしをもつ道後温泉は、四国を代表する観光地になっています。有名な夏目漱石の小説『坊っちゃん』にちなんだスポットもたくさんあり、名作を観光にうまく生かしています。

名物について知ろう!

自転車でわたれる!瀬戸内しまなみ海道!

瀬戸内しまなみ海道は、今治市と広島県尾道市をむすんでいます。四国と本州をむすぶ3本目のルートとして、2006年にすべての橋がつながりました。ほかのルートとちがう最大のとくちょうが、徒歩や自転車でもわたれること!海をこえていくサイクリングロードとして大人気です。

高知県

野菜を中心とした農業をはじめ林業や漁業もさかん！

四国でもっとも南にある県で、人口は四国でいちばん少なく、全国でも3番目に少ないです。黒潮のえいきょうであたたかい気候。その気候を生かして冬でもたくさんの野菜を作っています。

面積の8割以上が森林で、林業のほか、和紙の原料となるコウゾやミツマタ、木炭の生産もさかん。漁業はカツオの一本づりが有名です。

四万十川

四国でいちばん長い川。美しい流れで、「日本最後の清流」とよばれています。

四国山地
吉野川
仁淀川
高知市
南国市
馬路村
土佐市
高知平野
北川村
桂浜
土佐湾
室戸市
室戸岬
太平洋
四万十市
四万十川
土佐清水市
足摺岬

土佐湾

太平洋につき出た室戸岬と足摺岬をむすぶ、東西240キロメートルもある大きな湾です。

桂浜

月の名所として名高い浜。高知のヒーロー、坂本龍馬の像が立っています。

県庁所在地
高知市
面積
7103平方キロメートル
人口
68万人
（2022年）

182

高知県のここがすごい!

すごい!

野菜!

ほかの地いきで作れる野菜が少なくなる冬に、多くの野菜を作って高く売っています。ナスやピーマン、ショウガなどがとくに知られています。

ナスの生産量は日本一[1]だよ!

※1 2022年

高知市はひとりあたりのカツオを食べる量が日本一[2]!

すごい!

カツオ!

漁業はカツオがとても有名。広い太平洋に船を出し、ほとんどが一本づりで漁をしています。わらでごうかいに焼くカツオのたたきは、高知を代表する料理です。

※2 2021年

すごい!

土佐湾の2つの岬!

高知県は土佐清水市にある足摺岬と、室戸市にある室戸岬がそれぞれ太平洋につき出た、とくちょう的な形をしています。この有名な2つの岬の内側が土佐湾です。

足摺岬は四国でもっとも南にあるよ

高知県の
なぜ？どうして？

❓ ユズ作りがさかんな 理由は？

日本で作られるユズの約半分が高知県で作られています。おもに内陸の山間部で作られていて、あたたかい気候と朝と夜の気温差、日当たりのよさもさかんな理由です。

とくに東部の北川村や馬路村で多く作られているよ

❓ 和紙が有名なのは なぜ？

山がほとんどをしめ、原料のコウゾやミツマタがたくさんとれることから和紙作りがさかん。やさしい手ざわりとじょうぶな紙質で、とくに土佐和紙が知られています。

うすくてじょうぶなので、衣服として着ていたよ

❓ 四万十川の漁業の とくちょうは？

四万十川は海岸近くと内陸を行ったり来たりする、流れのルートがおもしろい川です。漁業もさかんで、火を使ってアユをおいこんでつかまえる「火振り漁」もおこなわれます。ウナギ漁も有名です。

四万十川には水がふえると橋が水中にしずむ「沈下橋」が47あるよ！

高知県あるある

カツオのたたきはタレではなく、塩やニンニクと食べるのがおすすめ！

184

高知平野の促成栽培

高知平野はあたたかい気候を生かして、野菜作りがさかんです。
栽培期間が短く、出荷時期を早められることがとくちょうです。

早く育てられれば売り上げも上がる!

ビニールハウスで育てると野菜を短い時間で育てられます。同じ野菜でも育てる時間が少なくなれば、その分りえきが多くなります。さらに、冬に春の野菜を育てたり、春に夏の野菜を育てたりすれば、ほかの地いきでは育てられないので、高く売れます。

今では飛行機で運ぶこともあるよ!

ビニールハウスを使って早く育てることを、「促成栽培」というよ!

交通の発達で早く届けられるように!

野菜はいたみが早いので、人口が多い都市に早くとどけないとお金になりません。四国は大きな都市がほとんどないので、昔は人口の多い本州に船で運ぶしかなく、時間がかかっていました。瀬戸大橋や大鳴門橋、明石海峡大橋ができて、鉄道やトラックで早く運べるようになりました。

名物について知ろう!

ヒーローの名がついた高知龍馬空港

南国市にある高知空港は、2003年から高知龍馬空港とよばれています。これは幕末の武士、坂本龍馬にちなんだもので、空港に人名をつけたのは日本初でした。多くの人に知ってもらうために、その土地の名物を名前につける空港は、近年ふえています。

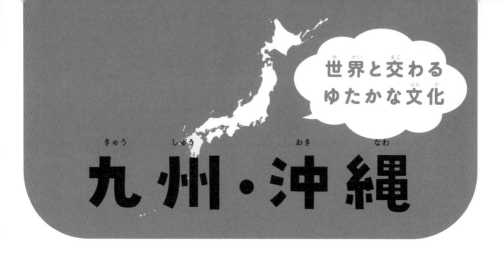

世界と交わる
ゆたかな文化

九州・沖縄

日本で3番目に大きな島の九州を中心に、
沖縄を含む南西諸島など、たくさんの島がある地方です。
韓国や中国などと近い場所にあり、昔から人の行き来がさかんで、
外国の文化や食べ物などが早く入ってきました。

全体的にあたたかく、沖縄などには熱帯気候も！

日本の中で南側にあるので、とてもあたたかい気候です。

とくに夏に雨がたくさんふって、夏から秋にはたくさんの台風が！

沖縄は冬もあたたかく、雪がふったら大事件！

黒潮（日本海流）と対馬海流という2つのあたたかい海流が流れ、冬でもそんなに寒くない！

対馬海流

黒潮（日本海流）

交通のよさを生かした工業

福岡県の八幡製鉄所をはじめ、船が使える海ぞいを中心に工業が発展。高速道路の発達で、ICなど先端工業もさかんに。

> ICとはコンピューターの大切な部品。
> 使う原料の名前をとって、
> 「シリコンアイランド」とよばれているよ

対馬
五島列島
長崎
有明海

日本海
福岡
佐賀
大分
筑紫平野
阿蘇山
熊本
宮崎
シラス台地
桜島
宮崎平野

東シナ海
鹿児島
種子島
屋久島

太平洋
薩南諸島

火山がとても多い！

火山がたくさんあって、阿蘇山や桜島など、今も活発に活動している火山も多いです。そのため温泉もたくさんあります。

> マグマの熱を
> 利用した
> 「地熱発電」も
> おこなわれているよ

南国リゾート・沖縄の観光業

あたたかい気候とゆたかな自然、どくとくの文化をもとめて多くの人がおとずれ、観光業がとても発達しています。

沖縄本島
沖縄
南西諸島
宮古島
石垣島
先島諸島
西表島

> 3月から10月ごろまで泳げるよ！

九州・沖縄
まず知っておきたいポイント！

あたたかいから
二度作れて、
売り上げアップ！

筑紫平野の米と麦など、同じ場所で1年間に2種類の作物を育てる「二毛作」がおこなわれています。また、宮崎平野は野菜の促成栽培で有名。九州北部は近郊農業もさかんです。

同じ理由で畑作もおこなわれ、
茶の産地としても有名だよ

火山灰でできたシラス台地は水はけがよすぎて水もちが悪く、稲作に向いていないため、豚や肉牛、肉用のニワトリなどを育てる畜産業がとてもさかんです。

日本のいちばん西にあり、アジアやヨーロッパに近いので、多くのものが九州から日本に入ってきました。キリスト教や鉄ぽうなどがとくに知られています。

188

どうなる!?
九州・沖縄

熱帯気候の
とくちょうと自然

鹿児島県の薩南諸島から沖縄県は、「熱帯気候」と区分けされ、ほかの気候では見られない、きちょうな自然や動物が残ります。

熱帯でできた雲のかたまりが発達して台風になるから、沖縄の台風は大きくて強いよ!

あたたかくて
台風が多い!

熱帯気候のとくちょうは、気温が高いこと。夏はあつくて長く、冬はあまり寒くならずに短いです。冬自体がないような場所もあります。雨が多くふり、台風も多いです。

沖縄本島北部の
森にすむ
ヤンバルクイナ

熱帯ならではの
めずらしい自然や動物を守れ!

日本で熱帯気候は数少ないので、ほかの地いきでは見られない動物や植物もたくさんいます。しかし、熱帯雨林の深い森や、海のサンゴしょうなどの自然がこわされ、いなくなってしまいそうな生き物もいます。

西表島だけにいる
イリオモテヤマネコ

世界にとって九州・沖縄は日本の入り口!

昔は広い海の長いきょりをずっと船で進むのはむずかしく、たびたび陸地に立ちよっていました。そのため、長崎県の対馬や沖縄など、広い海の真ん中にある島に多くの船が集まりました。さらに、島をつたっていくと九州に着きました。

福岡県

大陸との関係も深い
九州のげんかん口

九州でもっとも人口が多い県で、政治や経済の中心地です。朝鮮半島の韓国とも近く、中国大陸や朝鮮半島からたくさんの文化が入ってきました。

産業は明治時代に国をあげて製鉄業を発展させたことから、工業がさかん。米やイチゴなどの農業や、漁業もたくさんおこなわれています。

志賀島

博多湾北部にある本島と陸つづきの島で、金印が発見されたことで有名です。

日本海

関門海峡

関門海峡で本州の山口県とつながっているよ

遠賀川

北九州市

直方平野

苅田町

行橋市

瀬戸内海

志賀島

博多港

福岡市

福岡平野

脊振山地

太宰府市

筑紫山地

博多港

韓国の釜山港まで高速船で約3時間40分。海外なのに、船でも日帰りできる近さです。

筑紫平野

筑後川

久留米市

八女市

筑肥山地

有明海

筑紫平野

福岡県と佐賀県に広がる平野で、米と麦の二毛作がさかんにおこなわれています。

県庁所在地
福岡市
面積
4988平方キロメートル
人口
512万人
（2022年）

190

福岡県のここがすごい！

九州の中心！

本州とも朝鮮半島とも近く、交通が発展して人の行き来がさかんになりました。さらに、工業や農業も発展して人口も多く、九州の中心になりました。

福岡タワーやドームも！

空港も近くて行きやすい！

グルメ！

ラーメン、モツなべ、水たきなど、福岡市は食のまちともよばれます。とくに屋台が有名で、100店以上あるといわれます。これも大陸から入ってきたアジアの文化です。

製鉄！

北九州市を中心に広がる北九州工業地帯。120年以上前の明治時代に国によって八幡製鉄所がつくられ、そこから工業が大きく発展しました。

4大工業地帯のひとつだったよ！

福岡県の なぜ？どうして？

❓ 辛子明太子が 有名なのはなぜ？

辛子明太子はスケトウダラのたまごから作るたらこに、唐辛子などをつけこみ、辛くした食品です。朝鮮半島から入ってきて、福岡でとても有名になりました。

唐辛子の「唐」は昔の中国の国の名前だよ

❓ ゴム工業が さかんなのはどうして？

久留米市はゴム工業が生まれたまちといわれています。もともとはきものの足袋を多く作っていて、そこからゴムぐつ、タイヤへと発展していきました。

タイヤメーカーのブリヂストンも久留米市生まれだよ

❓ 苅田町で自動車工業が さかんな理由は？

苅田町はトヨタ自動車や日産自動車の大きな自動車工場が集まっています。まず港を中心とした船の交通でさかえ、高速道路や空港もできてさらに発展しました。

たくさんの車が船で運ばれていくよ！

福岡県あるある
福岡市の人はゴミは朝ではなく、夜に出して回収してもらうよ。

もともとは日本の中心!?

福岡県は今、九州地方の中心です。でも、はるか昔は
九州どころか日本の中心だった可能性が考えられています。

ぐうぜん見つけた金印が日本のれきしをひもとく大発見に!

江戸時代に志賀島で「漢委奴国王」と書かれた金の印かんが発見されました。それはなんと約2000年前に、中国から当時の日本「倭」にある「奴」という国の王におくられたものでした。つまり、そのころ福岡に、日本を代表する国王がいたとも考えられるのです。

日本の王と
みとめるから
よろしくー

なるべく近くに
いますー

なんじゃ
こりゃ?

志賀島で見つかったのには理由がある!

金印が博多湾の志賀島で見つかったことは、当時から大陸と船で行き来していたことをあらわしています。そのころの日本は大陸の強い国の顔色をうかがいながら政治をしていました。そのため、大陸と近い福岡県が日本の中心であったことも、十分に考えられるのです。

北九州工業地帯のうつりかわり

北九州工業地帯の中心だった八幡製鉄所は、福岡県でとれた石炭と中国から買った鉄鉱石で鉄をつくっていました。しかし、石炭から石油を中心とした時代になると、鉄の生産量もへり、工業がおとろえました。そこで今は時代に合わせて、自動車工業やIC工業にかえていっています。

佐賀県

有明海ののりは日本一！

北は玄界灘、南は有明海にはさまれ、漁業がとてもさかんな県です。有明海で養殖されるのりが知られています。

あたたかい対馬海流が流れるため、気候もあたたかいです。平野が多く、農業もとてもさかんです。

中国大陸との交流が活発だったれきしがあり、吉野ケ里遺跡で知られています。

有田焼や唐津焼などの焼き物も有名です。

玄界灘

九州北部に広がる海で、深さ80メートルほどの「大陸棚」が広がり、漁業がさかんです。

日本海

玄界灘

脊振山地

唐津市

松浦川

筑紫山地

鳥栖市

吉野ヶ里町

嘉瀬川

筑紫平野

伊万里市

有田町

佐賀市

佐賀平野

六角川

筑後川

有明海

有明海

内陸に入りこむような形の大きな湾で、佐賀県はそのもっとも奥にあたります。

佐賀平野

佐賀県と福岡県にまたがる筑紫平野のうち、佐賀市を中心とした地いきをいいます。

県庁所在地
佐賀市

面積
2441平方キロメートル

人口
80万人
（2022年）

佐賀県のここがすごい！

すごい！

有明海！

潮のみちひきの差が日本一大きく、最大6メートルも海の高さがかわります。潮がひいたときにだけあらわれる浜を「干潟」といい、多くの生き物がすんでいます。

有明海のシンボル、ムツゴロウ！

すごい！

のり！

有明海でたくさん養殖されていて、養殖の生産量は日本一※です。多くの川が流れこむ湾なので、栄養分がたくさん運ばれてきて、おいしいのりができます。

※2022年

すごい！

福岡の ベッドタウン！

となりの福岡県ととても関係が深いです。とくに東部は、九州の中心である福岡市と近いので、たくさんの人が毎日はたらきに通い、ベッドタウンになっています。

福岡まで通うよ！

佐賀県の
なぜ？どうして？

？ 筑紫平野の 農業のとくちょうは？

筑紫平野は稲作がさかんで、九州を代表する米どころです。福岡県と佐賀県にまたがっています。冬でもあたたかい気候を生かして、米作りが終わったあとに麦も作る「二毛作」もおこなわれています。

夏に作る米を「表作」、冬に作る麦を「裏作」とよぶよ

？ 焼き物作りが さかんなのはなぜ？

有田町の有田焼や伊万里市の伊万里焼、唐津市の唐津焼は、全国的に知られています。材料になるよい土がとれたことと、大陸から技術者が多くわたってきたことが理由です。

教えてあげまショウ！

？ 吉野ヶ里遺跡は なにがすごい？

2000年以上前の弥生時代の人たちがくらしたあとです。大陸との交流がさかんで、大きく発展したと考えられています。福岡で発見された金印の国と関係があったと考える人もいます。

まわりを水路でかこんで、村を守っていたよ

佐賀県あるある
唐津市では「唐津くんち」という大きなお祭りのとき、ほとんどの学校が休みに！

有明海干拓の
れきし

佐賀平野はもともと長い年月をかけて、自然の力で広くなりました。
さらに人の手で「干拓」をおこない、もっと広くしていきました。

干潟がやがて陸地になり
どんどん大きくなった

有明海では毎日ある潮のみちひきで、川の土やすなが流れこんで沖まで運ばれ、干潟が広がりました。さらに土やすながつもると陸地になり、佐賀平野はどんどん広がりました。そのため、もともと海の近くにあった吉野ヶ里遺跡は、長い年月をかけて海岸線からはなれていきました。

うめたら
住む場所もふえるし、
ちょうどいいね！

だんだん海が
はなれていくー！

人の手でうめちゃって、
さらに広くしよう！

できた陸地には人が住み、農業で使われました。そして、人びとはさらに住む場所や農地をふやそうと考えました。そこで干潟の先の海にていぼうをつくって土を入れ、人の手で干潟をうめ立てていきました。こうして陸地をふやすことを「干拓」といいます。

環境について知ろう！

干潟を
うめると
悪いことも？

干拓で陸地を広げると、干潟が小さくなる問題もおきます。ムツゴロウのような干潟にしかすめない生き物がへってしまうおそれもあります。さらに、有明海で漁業をおこなう人にとっても、漁場がへることは問題です。

長崎県

島の数は日本一！漁業と外国との交流で発展

山と海にかこまれ平地が少ない県です。島が多く、周囲100メートル以上の島の数は1500近くもあります。漁業もさかんです。

もともと大陸と関係が深く、江戸時代も長崎で外国との交流がゆるされていたので、外国文化が多く根づいています。軍かん島とよばれる端島をはじめ、炭鉱もかつて発達しました。

対馬
九州と韓国のちょうど間にある島で、古くから大陸との交流のまど口でした。

島原半島
有明海につき出た大きな半島。中央には火山災害で知られる雲仙岳があります。

五島列島
大小合わせて120以上の島がつらなり、そのうち18の島に人が住んでいます。

壱岐島
対馬
日本海
対馬市
平戸市
北松浦半島
平戸島
佐世保市
西彼杵半島
五島列島
東シナ海
有明海
五島市
長崎市
島原半島
雲仙岳
島原市
端島 (軍艦島)
長崎半島
島原湾

県庁所在地
長崎市

面積
4131平方キロメートル

人口
128万人（2022年）

198

長崎県のここがすごい！

すごい！

島の数が日本一！

島の数は 2023 年に数え直され、971 から 1479 になりました。県全体の面積の 45％ が島で、観光業をはじめ産業がさかんな島も多いです。

島と海の景色が美しい九十九島！

海にかこまれてあったかいから、ビワの生産も1位※2！

すごい！

漁業！

三方を海でかこまれ、島も多いので、たくさんの漁港があります。湾やリアス海岸での養殖もあり、とても漁業がさかんです。アジとタイの漁獲量は日本一※1です。

※1 2022年　※2 2022年

すごい！

造船！

工業は長崎市や佐世保市を中心に、造船業が発展しています。水深が深くて波がおだやかなリアス海岸や大きな湾が多く、船をつくったり直したりするのにぴったりでした。

江戸幕府や明治政府が国をあげて発展させたよ

長崎県の
なぜ？どうして？

? 雲仙岳はどうして有名？

1991年の大きな噴火で、43人もの人がなくなりました。技術が進み噴火が予想できたのに被害が大きくなったことで、たくさんの反省が今に生かされています。

山の上からの景色が美しくて観光地としても人気。温泉もあるよ！

? カステラが有名なのはなぜ？

長崎には古くから多くの外国の文化が入ってきました。その中には野菜やおかしなどの食べものもたくさんあり、とくにカステラが知られるようになりました。

ジャガイモやトマトも長崎から日本全国に広がったよ

食べてミマスカー？

? キリスト教をしんじる人が多い理由は？

キリスト教も長崎から入ってきたもののひとつ。昔は日本をおびやかす可能性があるとされ、ほぼきんじられていました。しかし、長崎にはかくれてしんじつづける人が多くいました。

島が多くてかくれやすかったから、つづけられたよ！

長崎県あるある
おぼんにおはかで花火をするよ！昔の中国文化のえいきょうといわれているんだ。

国際都市の先がけ！
長崎と世界

古くからさまざまな外国の人や文化と交流があった長崎県。
江戸時代には日本で数少ない国際都市になりました。

船が立ちよる対馬が
外国との交流のまど口に！

韓国との間にある対馬は、日本から朝鮮半島にわたって、さらに中国大陸に向かう一大ルートの一部でした。そのため、このルートを通ってたくさんの外国の人や文化が入ってきました。今も韓国から気軽に行ける外国として、多くの韓国人が観光におとずれています。

サッカー場
2つ分ぐらいの
大きさしかなかったよ

ようこそ
日本へ！

江戸時代には出島で
外国との交流がゆるされた

江戸幕府は外国との交流をきんじる「鎖国」をおこないましたが、長崎では交流がゆるされました。長崎湾に「出島」という小さなうめ立て地の島をつくって、その中では外国人と交流していいことにしました。このため長崎は多くの外国人がやってくる、国際都市になりました。

産業について知ろう！

人がだれも
いなくなった
軍かん島！

端島は「軍かん島」とよばれています。島で石炭が見つかり、多くの人が住むことになって、せまい島じゅうにたてものがたてられました。すると島全体が軍かんのように見えたため、こうよばれるようになりました。石炭がなくなると全員が島をはなれ、だれもいないたてものだけが残りました。

大分県

温泉数が全国トップ！
漁業や林業もさかん

中西部に、くじゅう連山がつらなります。火山なので温泉がとても多く、県全体の源泉の数もわき出す量も全国でいちばんです。別府や由布院の温泉地がとくに知られています。

山がちな地形のため、日田杉をはじめ林業もさかんです。漁業はアジやサバ、農業はカボスやシイタケが有名。大分市を中心に工業も発展しています。

「おんせん県」
として、県で
アピールして
いるよ！

大分平野

米や野菜が多く作られているほか、海ぞいに大分臨海工業地帯が広がっています。

瀬戸内海

中津平野

筑紫山地

日田市
日田盆地

別府温泉
別府市

由布院温泉
由布市

別府湾

中岳
くじゅう連山

大分平野

佐賀関半島

大分市

大野川

佐賀関半島

対岸の愛媛県佐田岬とのきょりは16キロメートル。四国といちばん近い場所です。

豊後水道

津久見市

竹田市

番匠川

九州山地

くじゅう連山

とても高いので「九州の屋根」とよばれます。

県庁所在地
大分市

面積
**6341平方
キロメートル**

人口
111万人
（2022年）

大分県のここがすごい！

やっぱり温泉！

大分県は源泉の数と1分間にわき出す温泉の量が日本一[1]。別府温泉は温泉にふくまれる成分によって湯の色がちがって見え、その様子から「地獄」とよばれています。由布院温泉は観光地として人気です。

[1] 2021年

あつくて人は入れないよ！

お湯が赤く見える「血の池地獄」

ブランド魚！

佐賀関半島の沖は海峡がせまいので潮の流れがはやく、身がひきしまった魚がとれます。さらに、サバやアジなどおなじみの魚を「関さば」「関あじ」などとブランド化することで、高く売っています。

関あじ

関さば

シイタケ！

森林が多く、シイタケ作りによいクヌギがたくさん生えているため、ほしシイタケの生産量が全国1位[2]です。なかでも竹田市がいちばんの産地になっています。

カボスの生産量も日本一[3]！

※2 2021年　※3 2022年

203

大分県の なぜ？どうして？

? 日田杉はなぜ人気？

強くて軽くしなやか、木目も美しいので、たてものに使われることが多いです。日田は雨が多く、植えた杉がよく育ちました。江戸時代から植林がさかんになり、はきものの下駄の産地としても知られるようになりました。

明治時代には農林学校もできて、地いきの一大産業になったよ

? 重工業がさかんな理由は？

石油化学工業や鉄鋼業、セメント工業などの工場が大分平野の海ぞいに広がります。船で行き来がしやすいこと、石炭から石油への変化、地方を元気にするためなどの理由で1960年代に国から工業地帯に指定されました。

プラスチックや衣料、ゴムも石油化学工業でできるよ！

? 地熱発電ってなに？

地熱発電は地下のマグマによって熱くなった水や空気を使って発電します。火山や温泉が多い大分県ではとてもさかんで、日本最大の発電所もあります。

クリーンなエネルギーとして注目されているんだ！

大分県あるある
家のお風呂に温泉を引いていて、毎日温泉に入れる家もけっこうあるよ！

204

温泉をいろいろ生かしている!

観光はもちろん、生活や産業、料理にまで、
量も数もたくさんある温泉を、いろいろなものに使っています。

二大温泉地はお客によってすみ分けを!

温泉を生かした観光業は、県の大切な産業のひとつです。二大温泉地の別府温泉では地獄めぐりなど自然現象を見て回り、由布院温泉では若い人に来てもらうためにおしゃれな店を増やしたりしています。いろいろな人に来てもらうために、あえてすみ分けをしています。

すくすく〜　ほかほか〜

電気代の節約にもなるね!

別府

由布院

若い人は由布院がおすすめですよ〜

温泉のエネルギーを利用しない手はない!

温泉の利用は観光だけではありません。地熱発電のほか、熱い温泉をビニールハウスの中に通して花を育てたり、家の床の下に通してあたたかく過ごすのに使ったりしています。また、野菜やたまごを温泉の湯気でむすなど、料理にも使っています。

環境について知ろう!

みんなで温泉を守っている!

温泉はマグマであたためられた地下水なので、あまりとりすぎると地下の水が少なくなって、出てこなくなったり、地面がしずんでしまったりします。そのため、勝手にほったり、すでにほられている温泉のすぐそばでほったりしないなどのルールを作って、温泉をみんなで守っています。

熊本県

世界有数の阿蘇山に
農業、漁業、工業も発展

九州のほぼ真ん中にある県で、多くの県ととなり合っています。そのため、鉄道をはじめとする交通が発達しました。

北東部には阿蘇山があります。世界の中でもとくに大きい「カルデラ」があり、穴があいたようにくぼんでいます。

農業はトマトやスイカ、漁業はクルマエビやハマチの養殖がさかん。工業は半導体などの電子工業が発展しています。

天草諸島

宇土半島から大矢野島をへて上島まで5つの橋でつながっています。

筑肥山地

阿蘇市

有明海

白川

阿蘇山

島原湾

熊本市
熊本平野

宇土半島

緑川

天草諸島

八代平野

大矢野島

ハ代市

天草市

上島

九州山地

下島

八代海

球磨川

天草灘

人吉市

水俣市

人吉盆地

阿蘇山

大きな噴火によってできた大地のくぼみがあり、これを「カルデラ」といいます。

八代海

海の先に不知火という火のかげが見えるので、「不知火海」ともよばれています。

県庁所在地
熊本市
面積
**7409平方
キロメートル**
人口
172万人
（2022年）

206

熊本県のここがすごい！

でっかい！阿蘇山！

阿蘇山のカルデラは東西約17キロメートル、南北約25キロメートルもあります。そのため、カルデラの中にまちや鉄道があり、牛や馬も育てられています。

どちらも生産量1位※！

トマトとスイカ！

トマトは夏から秋はすずしい高原で、秋から春はあたたかい海ぞいで、1年中作っています。スイカはビニールハウスを使って人工的に気温の差を作り、あまくしています。

※2022年

養殖漁業！

有明海や八代海、天草灘など、入り組んだおだやかな海で養殖漁業がさかんです。とくに天草のクルマエビやブリはブランド化され、高く取り引きされています。ミネラルたっぷりな地下水も、おいしく育つ理由です。

タイやサーモンもとれるよ！

熊本県の なぜ？どうして？

❓ イグサの栽培はどうしてさかん？

たたみの材料になるイグサは、八代市を中心に作られ、熊本県の生産量は全国の約9割です。約500年前にとのさまが、水はけが悪い土地でも育つイグサを村人に教え、さかんになったといわれます。

最初に教えてくれた岩崎公はたたみの神様じゃ！

❓ 電子工業が発展した理由は？

電子部品はとても精密なので、つくるときはゴミのないきれいな水がたくさん必要です。熊本県は阿蘇山のおかげで、きれいな地下水が多くあります。これをもとめて電子工業の工場が多くできました。

シリコンアイランドの中心のひとつ！

❓ 水俣市は日本初の環境モデル都市。なぜ？

水俣市では約70年前、化学工場から出た水銀が原因で「水俣病」という病気が発生し、問題になりました。このため水俣市は環境問題に積極的に取り組みました。ゴミのリサイクルやクリーンエネルギーの利用などを早くからおこなっています。

ゴミは20種類以上に分別！太陽光発電には市からお金が出るよ

熊本県あるある
「電車」は普通の鉄道ではなく路面電車のこと。それ以外は「汽車」とよぶよ！

どうして こうなった !? 阿蘇山のカルデラは どうやってできた?

世界中でもとても大きなカルデラをもつ阿蘇山。
この大地のくぼみは、火山の大ばくはつによってできました。

マグマがなくなった 空間がへこんでくぼみに

火山の地下のマグマがばくはつしてふき出すと、マグマがたまっていた場所がからっぽになります。そして、その上の土地の重みでくずれ、大地がへこみます。このぽっかり穴があいたような大きなくぼみを「カルデラ」といいます。

有名な観光地だけど、今でも火山が活発になったら入れなくなるんだ…

カルデラはスペイン語で「大きななべ」という意味だよ

外輪山にかこまれた カルデラ内を利用する

こうしてカルデラのまわりにかべのように残った山を「外輪山」といい、その中には広い土地ができます。阿蘇山では、その土地に人が住み、まちもできました。また、どこまでも草原が続く「草千里」では、その広さを生かして牛や馬が育てられています。

自然について知ろう! 阿蘇山がもたらす ほうふな地下水

阿蘇山のまわりには、火山がばくはつしてとびちった岩や石などがつもっています。そのため、土地にすきまが多く、そこに雨水がしみこみ、ほうふな地下水となります。きれいでミネラルを多くふくんだ地下水は、熊本県の農業や漁業、工業にも役立っています。

宮崎県

あたたかさを生かした農業と
畜産業や化学工業も発展

あたたかい海流の黒潮が流れ、1年を通してすごしやすい気候です。また、雨も少なく、南部に広がる宮崎平野を中心に、南国フルーツや野菜などの農業がとてもさかんです。

南西部はシラス台地で、食用のニワトリや豚などの畜産業が発達しました。

延岡市は旭化成という総合化学メーカーの会社を中心に発展したまちです。

九州山地

冬には雪がつもり、五ヶ瀬町には日本でいちばん南のスキー場があります。

宮崎平野

日向灘ぞいに南北に長い平野で、野菜やフルーツなどがたくさん作られています。

日南海岸

フェニックスというヤシの木がならび、1年中とてもあたたかな観光地です。

高千穂町
五ヶ瀬町
延岡市
五ヶ瀬川
九州山地
耳川
日向灘
小林盆地
宮崎平野
宮崎市◎
大淀川
シラス台地
太平洋
都城盆地
都城市
鰐塚山地
日南市
日南海岸
都井岬

県庁所在地
宮崎市
面積
7734平方キロメートル
人口
105万人
（2022年）

210

宮崎県のここがすごい！

南国フルーツ！

マンゴー、パッションフルーツやパパイヤ、日向夏などのフルーツがたくさん作られています。全国的に見ても晴れの日も多いので、太陽をたっぷりあびて、とてもあまく育ちます。

日向夏

パパイヤ

マンゴー

パッションフルーツ

野菜の促成栽培！

高知県とならんで野菜の促成栽培がとてもさかんです。冬にビニールハウスでキュウリやピーマンなどの夏野菜を育て、春に収穫して全国に送られます。

キュウリの生産量は日本一※1！

※1 2022年

畜産業！

シラス台地で畜産業が多くおこなわれています。鶏肉、豚肉、牛肉と育てられている動物の種類もほうふで、どれも日本上位の生産量をほこっています。

鶏肉の生産は鹿児島に続く2位※2！

※2 2022年

211

宮崎県の なぜ？どうして？

？ 高千穂が有名なのは なぜ？

宮崎県には日本神話にまつわる伝説や場所がたくさん残っています。とくに高千穂は神様の里といわれ、伝説にまつわるスポットの多くが観光地になっています。

「高千穂あまてらす鉄道」は、使わなくなった線路を使ったアトラクションだよ！

？ 日南海岸が 人気の理由は？

まだ海外旅行に行きづらく、沖縄もアメリカの一部だった時代、日南海岸は国内旅行で行ける南国リゾートとして大人気に。新婚旅行の定番スポットでした。今はプロ野球のキャンプ地として知られています。

あたたかいから冬も運動しやすい！

？ 延岡市はどうして 発展した？

会社や工場がふえるとはたらく人たちもふえるよ

延岡市で生まれた旭化成は化学工業で大きくなった会社です。市内の工場のほぼすべてが旭化成と関係し、おかげでまちも大きくなりました。このように会社を中心に発展した都市を「企業城下町」といいます。

宮崎県あるある
宮崎県南西部では黒板消しのことを「ラーフル」というよ！

マンゴーによって県民がうるおう！

どうして
こうなった
!?

宮崎マンゴーは古くから作られていたわけではありません。
県の農業を発展させるために考えて、作られ始めました。

冬に育てられる作物を探そう！

宮崎県でマンゴー作りが始まったのは、わずか30年ほど前です。冬に収入が得られる作物が少なく、新しく作れるものを探し、沖縄のマンゴー作りを見学。そして「これなら宮崎もあたたかいから作れる！」と栽培が始められました。

最初はたった8つの
農家で始まりました

今では数十万円で
取り引きされることも！

高級マンゴー

なんとか収入をあげる工夫を！

しかし、そのころにはすでに外国の安いマンゴーが入ってきていました。お金がかかるビニールハウスで作る宮崎のマンゴーは、料金では勝てません。そこで、金額ではなく質をもとめて、高く売ることにしました。そのやり方が成功し、高級なブランド品として大人気になりました。

自然について知ろう！

日本にもともといた野生の馬

県でいちばん南の都井岬には、御崎馬という馬がすんでいます。これは日本にもともといた国産馬で、海外馬とくらべてずんぐりして、足回りがどっしりしています。農業やものを運ぶ手伝いなどに使われた国産馬に対し、海外馬ははやく走ることをおもな目的に外国から入ってきたからです。

じつはとっても南北に長い県！

鹿児島県

県庁所在地
鹿児島市
面積
**9186平方
キロメートル**
人口
156万人
（2022年）

川内川
シラス台地
霧島市
鹿児島市　桜島
鹿児島港
薩摩半島　肝属川
枕崎市　指宿市　大隅半島
太平洋
種子島
屋久島
薩南諸島
奄美大島
徳之島
与論島

桜島

今もけむりを上げる火山の島で、約100年前のばくはつで大隅半島と陸続きになりました。

鹿児島港

薩南諸島のたくさんの島に向けてフェリーが出ている、海上交通の中心です。

薩南諸島

種子島から与論島まで、鹿児島県の南の島をまとめて薩南諸島といいます。

畜産業や農業がさかんで薩南諸島にはどくとくの文化も

九州のいちばん南にある、九州でもっとも広い県です。さらに、南部の薩南諸島に小さな島がたくさんあるため、南北が約600キロメートルもあります。

南北に長いため気候もさまざまですが、基本的にあたたかいです。

桜島の火山灰がつもってできたシラス台地での畜産業や、サツマイモなどの農業がとくに知られています。

鹿児島県のここがすごい！

すごい！

豚から始まった畜産業！

日本ではめずらしく江戸時代から豚を食べていて、豚を育てていた経験を牛などにも使って発展していきました。黒豚が有名！

中国から沖縄をへて、約400年前に鹿児島に伝わったよ

すごい！

桜島！

今も噴火をし、よく灰がふっています。天気予報のときに火山灰予報があったり、火山灰を掃除する除灰車が走ったり、灰を捨てる専用の袋があったりと、火山との生活がしみついています。

火山灰の汚れが目立たない色の車を買う人が多いんだ

すごい！

サツマイモ！

生産量日本一※。中国から沖縄を通って伝わりました。かんそうに強く、水はけがよくても育つので、シラス台地の土地にぴったりの作物でした。

昔の中国の国の名前から「唐いも」ともよばれます！

※2022年

鹿児島県の
なぜ？どうして？

お茶作りがさかんな理由は？

静岡県と1位をあらそうほど、鹿児島はお茶作りがさかんです。広大な畑とあたたかい気候を生かし、お手ごろなねだんのお茶を種類多く作っています。

2019年には産出額がはじめてトップになったよ

なぜ種子島からロケットが？

種子島にはロケットを飛ばす宇宙センターがあります。ロケット発射場はできるだけ赤道に近い場所が理想的。日本は地球の北半球なので南がよく、晴れの日が多く高い山が少ないことから種子島が選ばれました。

沖縄には米軍の基地があるから種子島に宇宙センターがつくられたよ

屋久杉はなにがすごい？

屋久島は雨が多い山の島で、深い森に太い木が多くあります。なかでも屋久杉は、生えてから1000年以上たっています。なかには2000年以上とも3000年以上とも、7000年以上ともいわれている縄文杉があり、観光地としても人気です。

ふつうの杉は長くても600年なのに！

鹿児島県あるある
火山灰がどっちに飛んでくるかを知るため、天気予報はまず風向きをチェック！

薩南諸島の人たちのくらし

薩南諸島には大きな島から小さな島まで、たくさんの島があります。
それぞれの島にいろいろな生活や文化のとくちょうがあります。

村の中に村役場がない!

いくつかの小さな島がひとつの村となっている十島村と三島村は、村内ではなく、鹿児島市に村役場があります。役場は島へ行く船が発着する鹿児島港のフェリー乗り場の近くに置かれています。

自分のことは「わぬ」というよ

あれ?わたしも!

どうせ鹿児島市まで行くからこっちのぼうが便利!

鹿児島港

言葉から見る文化の伝わり方

薩南諸島の方言が、奈良時代の京都の言葉とにているという研究があります。これは、言葉は都などの中心地から円をえがくように広がり、いちばん外側では長く残るという考え方です。文化がどうやって広がっていくかを知るヒントになります。

沖縄県

琉球文化がたくさん残る！南の島

昔は外国との海洋貿易、今は観光業が発展！

日本でもっとも南にある、多くの島からなる県です。もともとは琉球王国というひとつの国で、さらに戦後はアメリカの一部となっていた時代もありました。そのため、ほかの県には見られない、沖縄ならではの文化があります。

昔から船の交通を利用した外国との海上貿易が発展。今は南国の気候や自然を生かした、観光業がとても発達しています。

久高島

沖縄をつくった神様がおり立った島として、島全体があがめられています。

伊江島

名護市

沖縄本島

沖縄市

◎那覇市

糸満市

久高島

県庁所在地
那覇市
面積
2282平方キロメートル
人口
147万人
（2022年）

すごい！

海と島！

沖縄の海はすきとおっていて、とてもきれいです。サンゴが300種以上生息し、サンゴ礁は生物たちのすみかに。島がいくつもあり、リゾート開発が進む一方で、自然が大切に残されている島も多いです。

橋でつながっている島も多いよ！

沖縄県のここがすごい!

すごい!

琉球王国文化!

沖縄は約600年前から約450年にわたって、琉球王国というひとつの国でした。海上貿易がさかんで、中国や日本やタイなどのえいきょうを受けたどくとくの文化が発展しました。

豚肉を多く食べる食文化も、今に受けつがれているんだ

イカスミ汁

ソーメンチャンプルー

ジーマーミ豆腐

ラフテー

すごい!

サトウキビと南国フルーツ!

日本で数少ない熱帯気候を生かして、サトウキビと、シークヮーサーやドラゴンフルーツなどの南国フルーツがたくさん作られています。マンゴーやパイナップルは生産量1位です。

サトウキビの生産も1位!

与那国島

日本でもっとも西にある国境の島で、台湾まで111キロメートルしかありません。

与那国島

宮古島市
宮古島

石垣島
石垣市

西表島

ほとんどがジャングルで、イリオモテヤマネコなど、めずらしい動物がいます。

219

沖縄県 の
なぜ？どうして？

？ 台風は悪いことばかり ではない？

沖縄には大きな台風がたくさん通ります。大変なことも多いですが、台風は海水をかきまぜて水温を下げ、雲で強い日ざしをさえぎるため、サンゴがよく育つといういいこともあります。

美しい海は台風のおかげでもあるんだ

？ シーサーの ひみつは？

シーサーは、沖縄に古くから伝わる守り神です。福をよびこむために口をひらいているのがオスで、メスはよびこまれた福をもらさぬように、口をとじています。

げんかんや屋根におかれているよ

？ ステーキやハンバーガーも 人気！ なぜ？

沖縄がアメリカの一部だった時代に、多くの文化が入ってきました。このためステーキやハンバーガーの店がたくさんあり、ステーキは家でもよく食べられています。

お酒を飲んだあとにはやっぱりステーキ！

うそ？まだ食べられるの？

沖縄県あるある
バーベキューが大好き！ おはかでバーベキューをすることも！

220

琉球神話が心のよりどころ

沖縄は神様がつくったという琉球神話が、古くから根づいています。
神話にまつわる聖地もたくさんあり、とても大切に守られています。

入ってはいけない場所もある

神様がおり立ったという久高島をはじめ、沖縄にたくさんある聖地のことを「御嶽」といいます。沖縄の人がとても大切にしている場所で、今もおいのりにおとずれる人がたくさんいます。また、琉球王国の王族や、女性しか入れない場所もあります。

石だたみをきずつけるからヒールはだめ！

神様にいのるためのぎ式もたくさんあるよ

聖地を守る取り組みも

沖縄で観光業が発展すると、人気の観光地になる御嶽も出てきました。すると、大切な聖地がきずつけられる問題も発生しました。そこで見学の前に説明動画を流したり、観光客の見学ルールをもうけたり、聖地を守る取り組みが広がっています。

都道府県について知ろう！

沖縄と戦争そして基地問題

沖縄の人にとって、毎年6月23日は大切な日。沖縄の地上戦が終わった日で、いのりをささげる日です。戦争ではアメリカ軍が沖縄に乗りこみ、たくさんの人がなくなりました。今も沖縄にはアメリカ軍の基地があり、戦争のえいきょうが残っています。

おうちの方へ

私たちが住んでいる日本は、自然豊かで、各地に古くからの伝統や文化が残っています。さらに、時代が流れ国内外での交流により、日本全体でも各地でも、もともとの文化が他の文化と融合して、新しい文化が生まれています。また、産業も発達し、農業、漁業や工業、先進的な産業などにおいても大きな進歩をとげています。各地で異なる自然、文化や産業は、地域に刻み込まれ、それぞれの地域の特色として現れてきます。

一方で、日本には様々な課題があります。この課題は地域によって現れ方が異なったり、解決策が異なったりします。持続可能な社会を築き上げていくためには、これらの課題を解決していかなければなりません。これからの子どもたちには、このような課題を解決していく能力が必要とされます。この能力は自分だけでなく、社会全体、全ての人々の幸福、つまりは Well-being（ウェルビーイング）につながっていきます。そのためには、まず、日本各地の文化や産業を理解しておく必要があります。豊富で適切な知識を習得することで多角的で多面的な理解が可能となり、そのような理解に基づいて公正な判断がくだせ、課題を解決する実行力へとつながります。

本書は、お子さんたちにこうした能力を身につけていただく一助として編纂されました。日本各地の地域の特色を地図やイラストを使って楽しく理解することで、Well-being なそして持続可能な社会を担える子どもを育てていくことが本書の目的となっています。

筑波大学教授　井田仁康

参考文献

- 『日本国勢図会2023/24』矢野恒太記念会
- 『小学生おもしろ学習シリーズ まんが都道府県大事典』西東社
- 『中学入試にでる順 社会 地理』KADOKAWA
- 『地理がわかれば世界がわかる! すごすぎる地理の図鑑』KADOKAWA

監修者

井田仁康 （いだ よしやす）

1958年生まれ。筑波大学大学院地球科学研究科単位取得退学。博士(理学)。現在は、筑波大学人間系教授。地理教育・社会科教育学を専門とする。『リアルな今がわかる 日本と世界の地理』（朝日新聞出版）、『オールカラー 楽しく覚える! 世界の国』（ナツメ社）など、地理関連の児童書や学参にて監修多数。

おぼえる!学べる!

たのしい都道府県

監修者　井田仁康
発行者　高橋秀雄
編集者　外岩戸春香
発行所　**株式会社 高橋書店**
　　　　〒170-6014 東京都豊島区東池袋3-1-1 サンシャイン60 14階
　　　　電話　03-5957-7103

ISBN978-4-471-10456-6　©TAKAHASHI SHOTEN　Printed in Japan

本書の内容についてのご質問は「書名、質問事項（ページ、内容）、お客様のご連絡先」を明記のうえ、郵送、FAX、ホームページお問い合わせフォームから小社へお送りください。
回答にはお時間をいただく場合がございます。また、電話によるお問い合わせ、本書の内容を超えたご質問にはお答えできませんので、ご了承ください。本書に関する正誤等の情報は、小社ホームページもご参照ください。

【内容についての問い合わせ先】
　書　面　〒170-6014 東京都豊島区東池袋3-1-1 サンシャイン60 14階　高橋書店編集部
　FAX　03-5957-7079
　メール　小社ホームページお問い合わせフォームから　（https://www.takahashishoten.co.jp/）

【不良品についての問い合わせ先】
　ページの順序間違い・抜けなど物理的欠陥がございましたら、電話03-5957-7076へお問い合わせください。
　ただし、古書店等で購入・入手された商品の交換には一切応じられません。